웨딩 재테크

KIM'S WEDDING
FINANCIAL TECHNOLOGY

웨딩 재테크

결혼준비와 시작, 신혼여행은 결혼준비전문가와 함께

김보영 지음

돈 버는 결혼, 돈 아끼는 결혼의 노하우
웨딩 재테크의 모든 것

결혼 준비를 하면서 부딪치게 되는 금전 문제부터
예식장 비용, 신혼집 마련까지
결혼 준비의 모든 것을 담고 있는 실전 지침서

똑소리나는
웨딩 필독서

생각나눔

『웨딩 재테크』에서 정의하는
작은 결혼식의 의미

주 체

부부가 중심이 되는

결혼준비는 결혼생활의 시작입니다.

의 미

새 출발을 기념

우리 결혼합니다.

비 용

합리적인 지출

싸게, 초라하게가 아닌 필요한 사항에 올인하기

하객 수(청첩장)

정말 축하하는 분들만

서로의 주말을 지켜주세요. 제발!

영화 『판도라』에서 원자력 발전소 폭발로 인한 국가적 재난사태 시 사람들이 할 수 있는 일은 고작 '마스크 쓰기'였다.

대한민국의 사회 구조적인 문제 탓에 더 이상 결혼할 수도, 아이를 낳을 수도 없는 청년 인생 부도 사태 속에서 '간소한 결혼준비를 통해 양가 도움 없이 전세금을 마련'하자는 요지의 이 책은 결국 판도라의 마스크 쓰기에 불과한 미봉책인지도 모른다.

하지만 나는 그 속에서도 우리가 할 수 있는 작은 일을 하자고 말하고 싶다. 왜냐하면, 사회 구조적인 문제를 탓하기 전에 내 인생은 소중하기 때문이다. 또한, 내가 할 수 있는 일을 하나씩 실천한다면 이것 또한 내가 속한 사회 속에서 내가 개선할 수 있는 작은 첫걸음의 하나라고 생각한다.

이 책은 직장생활과 결혼준비를 양립하는 바쁜 결혼 예비커플이 대상으로 기존 결혼준비의 틀을 가져가되, 그 안에서 자신만의 개성을 찾고자 하는 의도로 쓰였다. 작고 초라한 결혼식이 아닌, 불필요한 부분은 과감히 생략하고 꼭 필요한 부분에 올인하는 결혼식을 제안하고자 한다. 결혼생활의 시작은 결혼준비 기간부터 시작된다. 양가 어른들이 중심이 아닌 부부중심의 결혼생활의 시작인 것이다.

결혼준비는 다 처음이기에 새롭기도 하고 막막하기도 하다. 그런 여러분께 "이런 결혼 어때?"라고 제안하고 싶다.

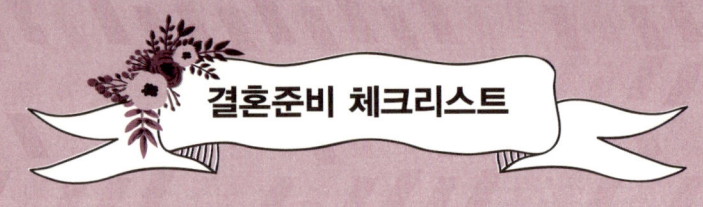

결혼준비 체크리스트

　　결혼준비는 전반적으로 준비해야 할 사항이 많아 체크리스트를 첨부한다. 웨딩플래너랑 계약해도 신혼여행 등은 자유여행으로 가는 경우 부부가 알아서 준비해야 하기에 꼼꼼히 챙기는 것이 좋다. 특히, 결혼준비 전반을 예비신부 혼자 준비하기보다는 신혼여행은 신랑이 담당하는 식으로, 본인이 잘 알거나 관심 있는 분야는 나눠서 준비하는 것도 좋다.

　　특히, 신혼여행의 항공편 및 숙박업소의 경우 미리 예약할수록 저렴하며, 예식 일정이 여름휴가와 겹치는 경우 여행 성수기이기 때문에 빠르고 신중하게 결정하는 것이 좋다.

　　체크리스트는 참고사항이며, 가장 중요한 것은 예비부부의 형편 및 양가조율에 따라 결정하는 것이 좋다. 예를 들어, 신혼집도 결혼 전에 결정할 수도 있고, 상황에 따라 합가 또는 한쪽의 자췻집에서 시작하는 방법도 있을 수 있다. 월세든, 전세든, 매매든 부동산 시장은 최소 2~3년은 전망하며 계획해야 하는 것이기에 꼭 결혼준비와 동시에 또는 결혼식 전에 계약하는 것이 아니라 아파트, 빌라, 원룸 등의 주거형태 및 양쪽의 직장위치에 따라 신혼집 위치를 고려하여 신중히 결정하는 것이 좋다.

웨딩견적서 2015년 6월 기준				
사진촬영	40만원	필름 원본 포함 앨범 제작×	보정비	5만원	
드레스	55만원	턱시도 포함	신랑 키높이구두	3만원	
이브닝 드레스	10만원	도우미	15만원		
메이크업 헤어	25만원				
부 케	10만원				
식 대	35,000원	추가 비용×	예식장 사용료 꽃장식 비용	무 료	
총 계				163만원 (식대제외)	

🛍️ 결혼준비 체크리스트

기간 체크사항	D-180	D-150	D-60	D-30
상견례	상견례 프로포즈			
예식장	예식장 알아보기			주례/사회자 섭외 축의금 접수자 선정
신혼집		신혼집 형태 결정		
웨딩플래너		웨딩플래너 알아보기		사진 등 앨범형태 결정
드레스				드레스투어/메이크업 헤어숍 결정
스튜디오 촬영			스튜디오 촬영	포토존 준비
신혼여행		신혼여행 알아보기	여권/비자 체크	
예단/예물		예단/예물 논의하기		
재테크		결혼예산 계획하기		
기타			피부관리	청첩장 주문 및 발송

기간 체크사항	D–20	D–15	D–10	D–3
상견례				
예식장	축가 섭외/ 결혼식 식순 정하기	보증인원 선정		
신혼집				
웨딩플래너				
드레스			드레스 가봉	네일케어
스튜디오 촬영				
신혼여행			여행경비 환전	
예단/예물				
재테크				
기타	부케받을 친구 섭외/ 가족 및 친구 인사		부케 결정	신혼여행짐 챙기기

CONTENTS

the happy couple

Part 8 결혼생활의 핵심, 신혼집

저자 후기
자치구 결혼식장 현황

PART
01

결혼준비, 시작!

1
나와 결혼해 줄래?

헤어지는 길, 눈물을 글썽이며 프러포즈하는 예비신랑을 보며, 나는 그때까지도 그 눈물의 의미를 알지 못했다. 그저 스스로의 고백에 도취한 눈물인 것으로만 생각했다.

이후 정식으로(?) 프러포즈를 받은 후 나는 제안을 했다.

"나와 결혼을 하고 싶다면 당신의 재정상황에 대한 브리핑을 해주세요."

결혼준비 및 결혼생활의 문제가 발생하는 커플을 보면 대부분 남성이 결혼이라는 목표달성을 위해 결혼자금을 부풀리거나, 심지어 예비 시댁까지 나서 큰 액수의 신혼집 자금을 제안하는 경우가 많다. 집도, 차도 다 마련돼 있으니 숟가락만 들고 오면 된다는 얘기다. 하지만 막상 결혼준비를 본격적으로 시작하면 집과 차는 있지만 다 대출금이며, 시댁에 조상 대대로 전해 내려온 부동산은 당장 현금화하기 어렵거나 현금화해도 큰돈이 안 되는 경우가 부지기수다.

이에 나는 이러한 갈등상황을 없애고 어차피 양가 부모님 지원을 받을 생각이 없었기에 예비신랑의 재정상황에 대한 브리핑을 요구했다. 우리가 충분히 나이 먹은 성인이기도 했고, 양가 어른들의 노후대비가 충분하지 못할뿐더러 매달 얼마씩 용돈도 드리지 못하는데, 어른들의 도움을 요청하는 건 무리라고 생각했기 때문이다.

브리핑 후 나는 프러포즈할 때 보인 그 눈물의 의미를 알게 되었다. 늦은 나이의 결혼이지만 나이와 재정상황은 결코 비례하지 않았고, 생각했던 것보다 상황은 훨씬 심각했다. 이래서 결혼은 현실이라는 건가?

이윽고 나는 재빨리 현실을 인식하고 결혼에 대한 나의 원칙을 다시금 점검한 후 선택을 하기로 했다. 일단 예랑이 지금의 경제 상황에 이르게 된 원인을 파악했고, 그 타당성에 수긍했으며, 과거는 더 이상 묻지 않기로 했다. 사람의 가치는 돈으로만 환산할 수 없으며, 서로 간의 신뢰를 바탕으로 한 미래가 더 중요하다고 생각했기 때문이다.

이러한 결정을 내린 후 곧바로 한 일은 결혼 예비자금 통장을 만든 것이다. 둘의 수입은 물론 양가 어른들 및 친척들이 소소하게 주시는 결혼 축하자금을 통장에 모았고, 결혼 관련 지출도 이 통장으로 일원화했다. 그 후 우리 몫의 축의금까지 포함해 결혼 예비자금 통장에 목돈을 마련할 수 있었고, 기존 자취방 전세자금을 포함해 모든 현금을 모아 운 좋게도 대출 없이 우리 형편에 딱 맞는 전셋집을 구할 수 있었다.

진정한 재테크의 시작은 결혼기간이 아닌 결혼준비기간부터 시작된다. 누구나 간소한 결혼식을 할 필요는 없다. 예비부부 및 양가 경제력에 맞춰 준비하면 된다. 다만, 우리 부부는 부모님의 도움을 크게 받지 않았기에 결혼준비 전반에 걸쳐 부부중심으로 진행할 수 있었다. 부모로부터의 진정한 독립이 시작된 것이다.

프러포즈도 관공서 활용!
청계천 '청혼의 벽'(propose.sisul.or.kr)

프러포즈는 어떻게 하냐고요?
망설이는 분들은 일단 신청하세요!

다 똑같은 이벤트 업체의 플랜카드가 아닌, 하나뿐인 반려자에게 화려하진 않아도 나만의 프러포즈를 직접 준비해보는 것은 어떨까요?

청혼자가 사전 예약을 신청 후 제작한 UCC, 메시지 등을 스크린에 상영하고, 청혼 승낙 시는 축하 영상과 메시지가 스크린에 표현됩니다.

청계천과 첨단 디지털 영상기법을 활용한 청혼의 벽은 소중한 추억을 만들 수 있는 감성 공간입니다.

결혼준비, 시작!

상호 건강체크는 기본!

우리 부부의 경우 프러포즈를 전후로 예비신랑의 보험을 체크
했다. 보험의 경우 한 살이라도 젊고 건강할 때 꼭 필요한 사항
으로만 가입이 필요하기 때문이다. 보험 가입 시 기본적으로 건
강 여부를 체크하기에 상호 간의 건강을 점검하는 계기도 된다.
또한, 시댁 보험도 확인해 65세 되기 전에 부랴부랴 실손보험에
가입시켜드렸다. 다행히 건강에 큰 문제가 없으셔서 가입이 가능
한 것이 그나마 다행이었다.

2
결혼준비의 시작, 상견례

　우리도 상견례라는 것을 하기로 했다. 결혼을 준비하며 느낀 건데 장기연애를 하다 보면 사실 결혼하나, 안 하나 큰 차이가 없을 때가 많다. 오히려 결혼으로 인해 제도권에 편입되고 남자친구 부모님이 시댁으로 호칭이 격상되며, 장점보다는 없던 의무만 더 커진다고 생각되기 마련이다. 특히 결혼을 하되, 언제 하는지 날짜를 정하기가 모호한데, 그래서 속도위반을 계기로 본격적으로 결혼식을 준비하는 게 아닌가 싶기도 하다.

　우리는 교제하며 양가 어른들께 자주 놀러 간 편도 아니고 뭔가 결혼준비의 시작을 겸해서 상견례를 하기로 결정했다. 결정

후 통상적으로 상견례는 남자 쪽이 준비한다고 하여 괜히 여러 사람이 끼어 복잡해지느니 신랑에게 모든 것을 일임했다.

며칠 후 신랑이 시댁인 부천과 친정인 일산의 중간쯤으로 교통이 편한 영등포의 한정식집에서 만나자고 통보해왔다. 상견례는 별다른 특이사항(?) 없이 맛있는 음식과 함께 적당한 담소로 마무리됐다.

1) 상견례의 소득

상견례의 소득이 있다면 양가 어머니들이 상견례를 계기로 친분을 맺고, 이후 결혼준비를 함께하신 점이다.

결혼식의 주인공은 신부(와 신랑)이지만 주최자는 양가 어머니들(과 아버지)이다. 그분 평생의 인맥과 더 나아가 삶이 결산(?)되는 날인 것이다. 특히, 시어머니는 먼저 신랑의 여동생을 결혼시킨 경험이 있지만, 우리 집은 개혼이기에 친정어머니의 관심사는 지대하였다. 이에 상견례에서 인사를 나누신 양가 어머니들은 우리가 예약한 예식장에서 시식도 같이 하시고, 한복도 치마 색은 통일하고 저고리 색상을 달리해 한곳에서 대여하여 비용을 더욱 절감하셨다. 또 어머니들 메이크업과 머리를 한 분당 총 10만 원에 예식장 내 미용실에서 하였는데, 시식 날 다른 혼주들의 모습을 미리 보며 미용실의 실력을 가늠하고 원하는 스타일을 미리 상의해, 결혼식 당일 날은 친척들 말로 '영부인 같은(?)' 모습을 연출하여 만족스러워하셨다.

2) 상견례의 유의사항

하지만 간혹가다 상견례에서 언쟁이 벌어지거나 혼수 등의 문제가 불거져서 앞으로의 결혼준비에 난항을 겪는 예도 있는 것 같다. 안타까운 말이지만 '이혼보단 파혼!'이라고, 만일 어차피 결혼을 재고할 만큼의 문제가 있다면 모를까 괜히 상견례에서 주인공인 신랑, 신부의 의견보다 양가가 모이면서 예상치 못한 문제 발생이 예상된다면 상견례를 생략하는 경우도 고려해볼 만하다.

모 연예인 커플은 4개월이라는 만남과 동시에 짧은 결혼준비 때문에 과감하게 상견례를 생략하였다는데, 그 주된 사유는 상견례의 어색함 때문이라고 했다.

나 또한 결혼준비 과정에서 나름대로 생략할 건 생략하였다고 자부하는데, 일반적으로 결혼의 시작이라고 얘기하는 상견례 생략은 정말 과감한 발상이라고 생각한다.

상견례! 필수는 아니니 신랑과 신부의 상황에 맞춰 다양하게 생각해보자. 모든 가족에겐 감춰야 할 비밀이 한 가지씩 있게 마련이니까.

🌸 치마저고리를 통일한 양가 어머니들의 입장 모습

3

결혼생활의 핵심은
결혼식이 아닌 집이다!

우리 힘으로 하는 결혼인 만큼 결혼식은 꼭 필요한 사항만 최소한으로 진행하고, 그 돈을 아껴 신혼집에 투자하기로 하였다. 우리가 결혼식을 한 2015년은 저금리로 인해 집주인들은 전세가 아닌 월세 또는 반전세로 집을 돌리기에 급급했고, 급등해버린 전셋값 탓에 세입자들은 자의 반 타의 반 대출을 일으켜 집을 매매하기 바쁜 시기였다.

우리는 월세는 들어갈 생각이 없었기에 일단 나 혼자 살던 자취방에서 같이 살며 결혼식 준비와 함께 살던 집을 내놓고 틈틈

이 이사 갈 집을 보러 다녔다.

그래서 결혼식 준비와 함께 집과 혼수를 한꺼번에 하지 않아 시간적 여유도 있었고 목돈도 나가지 않았다.

우리는 결혼식을 준비하며 집을 내놓았고, 결혼식 후 이사에 박차를 가해 결혼식 3개월 후 신혼집에 입주하게 된다.

4

결혼 퇴사, 나도?

요즘은 맞벌이가 대세지만 인생의 첫 번째 대소사인 결혼을 앞
두다 보면 인생의 상반기를 정리해보기도 하고 거주지가 달라지
는 등 본의 아니게 결혼 퇴사를 고민해보기도 한다.

하지만 근속한 회사에서 결혼으로 인해 도저히 출퇴근할 수
없는 거리로 이주하게 되어 부득이하게 퇴사함에도, 몰라서 실업
급여를 신청하지 못하는 경우도 종종 있다.

결혼 퇴사 시 실업급여 수령 기준은 퇴사일 기준으로 1년 6개
월 범위 안에 고용보험 가입 기간이 180일 이상이고 결혼으로
인해 배우자와의 동거를 위해 주소가 이전되어, 통상의 교통수단

으로 사업장과의 통근시간이 왕복 3시간 이상 소요되는 경우라면 퇴사에 대한 정당성을 인정받아 실업급여 신청이 가능하다. 정확한 판단은 청첩장, 주민등록등본, 배우자 재직증명서 등을 제출받아 담당자가 판단한다. 결혼식 전 1개월 이내 퇴사 시에도 실업급여 수령이 가능하다고 하니, 자세한 사항은 고용노동부(www.moel.go.kr, TEL 1350)로 확인해보자. 물론 남성도 신청 가능하니 잊지 말 것.

이외에도 결혼식과 함께 알아볼 수 있는 제도로 근로복지공단의 생활안정자금이 있다. 신청일 기준 소속사업장에서 3개월 이상 근속 중이며, 월평균 소득 243만 원 이하 근로자에게 의료비, 혼례비, 장례비 등 목돈이 소요되는 생활필수자금을 장기 저리로 융자하여 생활안정에 도움을 주는 제도이다(비정규직 근로자는 소득요건을 적용하지 않음).

융자 한도는 1,000만 원 범위 내 연 2.5%, 1년 거치 3년 매월 균등분할 상환 조건이며, 결혼일 전후 90일 이내 또는 혼인신고일로부터 90일 이내 신청 가능하다.

근로자 본인은 물론 부부가 각각 신청 가능하며, 자녀의 혼례

시에도 신청할 수 있으니 참고하도록!

혼례비 외에도 출산 후 산후조리원 이용에 드는 비용도 의료비 항목으로 신청 가능하니 이것도 잊지 말자!

PART
02

결혼준비 ~ing

1

스드메보다 중요한
결혼예비학교

나는 결혼 전 짝을 만나기 전부터 혼자서 결혼예비학교에 갔다.

"파티복을 준비해놔야 파티에 갈 일이 생긴다."라는 말처럼 짝이 없었던 시기에도 자금을 모으고 결혼예비학교에 참석하며 짝을 만날 준비를 하였다. 그리고 실제로도 결혼예비학교에는 싱글들이 대다수 참석하며, 추후에 짝을 만나 같은 강좌를 같이 듣기도 한다.

나와 신랑 또한 각자 교회 예비학교를 들었고 결혼을 예정한 후 같이 예비학교의 강좌를 재수강했다.

혹자는 결혼생활을 이론에서 배우느냐며 예비학교에 참석하는 나를 탐탁지 않게 보기도 했지만, 나는 결혼 전에 예비학교에 참석하는 것에 적극적인 입장이다. 왜냐하면, 아무래도 결혼 후에는 서로에 대해 안심하는 부분도 있고, 결혼 전에 한 약속들도 바쁜 생활 속에 잊히기 마련이기 때문이다.

훌쩍 지난 혼기와 함께 몇 번의 연애와 독서로 결혼생활에 관해 나름의 이론과 실무로 무장했다고 자부하는 나에게도 경기도 고양시의 한 여성단체에서 주관한 결혼예비학교의 한 강좌는 충격이었다.

강사는 큰어머니뻘의, TV에도 종종 출연하는 부부 가사조정위원회 조정위원이었다. 비교적 고령의 나이에도 불구하고 그분들의 강의는 파격적이었다.

"여러분에게 아들이 있다고 가정합시다. 아들에게 종종 '저녁 먹었니?'라는 안부 전화를 걸기도 하지요. 이 아들이 결혼해서 가정을 꾸렸습니다. 그렇다면 이제는 내 아들이기도 하지만, 한 여성의 남편이 되는 거지요. 남의 남편에게 전화를 해도 될까요? 남의 남편에게 전화를 하면 그 집은 어떻게 될까요? 남의 남편에게 자꾸 전화하면 그 집은 부부싸움이 나겠지요"

며느리가 아닌 자기 아들에게까지 하는 일상적인 전화도 결혼 후에는 삼가야 한다는 지적이었다. 좀 지나치다 싶을 정도였지만, 나이 드신 조정위원의 의견은 신세대 저리가라였다. 하긴, 시댁 전화는 퇴근 후 걸려오는 직장상사의 전화 스트레스와 필적한다는 통계도 있으니 말이다.

결혼식보다 중요한 마음가짐

눈에 보이는 결혼식과 신혼여행을 준비하는 것도 중요하지만, 제일 중요한 것은 결혼에 임하는 마음가짐, 서로에게 하는 약속이라고 생각한다.

우리는 우리의 결혼생활에 대해 '서로의 자아실현에 도움을 주는 관계'로 목표했다.

결혼예비학교는 명칭 그대로 예비신랑, 신부들을 대상으로 평생 한 번(?)뿐인 기회이며, 바쁜 현대인들의 특성을 고려해 서울

시 건강가정지원센터의 경우 서울의 대다수 지역에서 주말에, 그
것도 무료로 시행하고 있으니 한 번쯤은 수강해보길 권한다.

또한, 시민청에서도 연 2회 상·하반기 예비부부교육을 시행하
니 두 가지 교육을 잘 비교하여 본인이 원하는 교육을 수강하기
바란다.

서울시 건강가정지원센터

🖥 서울 가족학교 카페주소: cafe.daum.net/sfamilyschool

자치구 건강가정지원센터 안내

센터명	주 소	대표전화
강남구	강남구 개포로 617-8	3412-2222
강동구	강동구 양재대로 138길 41 강동청소년회관 2층	471-0812
강북구	강북구 인수봉로 66길 9 강북여성보육정보센터 4층	987-2567
강서구	강서구 강서로 5길 50 곰달래 문화복지센터 4층	2606-2017
관악구	관악구 신림로 3길 35 3층	883-9383
광진구	광진구 능동로 30길 23 광진구 새마을회관 2층	458-0622
구로구	구로 디지털로 31길 109 구로3동 주민센터 4층	830-0450
금천구	금천구 금하로 11길 40 1층	803-7747
노원구	노원구 동일로 173가길 94 가온빌딩 3층	979-3501
도봉구	도봉구 도봉로 552 도봉구민회관 2층	995-6800
동대문구	동대문구 용신동 255-69호 다사랑행복센터	957-0760
동작구	동작구 동작대로 29길 63-26 2층	599-3301

웨딩·재테크

마포구	마포구 신촌로26길 10 우리마포복지관 2층	3142-5482
서대문구	서대문구 증가로 244	322-7595
서초구	서초구 강남대로 201 서초구민회관 2층	576-2852
성동구	성동구 무학로 6길 9 3층	3395-9447
성북구	성북구 안암로 145 고려대학교 라이시움 102호	3290-1660
송파구	송파구 양산로 5 송파구 보건지소 2층	443-3844
양천구	양천구 중앙로 46길 57번 은행정어린이집 4층	2065-3400
영등포구	영등포구 영등포로 84길 24-5 신길종합사회복지관 4층	2678-2193
용산구	용산구 이태원로 224-19 한남동 공영주차장 부대시설 3층	797-9184
은평구	은평구 서오릉로 156 성지빌딩 3층	376-3761
종로구	종로구 창신길 124 동부여성문화센터 2층	764-3524
중구	중구 동호로 8다길 22 중구 시설관리공단 3층	2279-3891
중랑구	중랑구 용마산로 369	435-4142

2016년 시민청 예비부부교육

🖥 시민청 홈페이지: seoulcitizenshall.kr

시민청 예비부부교육 1차

〈작고 뜻깊은 나만의 결혼준비〉		
	일 정	진 행
첫째날	14:00~14:40	[강의] 결혼의 본래 의미를 살린 개성 있고 나눔이 있는 결혼 기획
	14:50~15:00	시민청 결혼식 소개
	15:00~15:30	[발표] 작고 뜻깊은 결혼 기 사례1
		[발표] 작고 뜻깊은 결혼 기 사례2
	16:00~17:40	[워크숍] 상상 속 결혼 꼴라주 표현
	17:40~17:45	마무리 및 2회차 교육 공지

시민청 예비부부교육 2차

〈작고 뜻깊은 나만의 결혼준비〉		
	일 정	진 행
둘째날	14:00~15:30	[강의] 서로 가꿈 가정경제
	16:00~17:40	[워크숍] 마음 마주 보기 예비부부를 위한 미술 심리상담 워크숍
	17:40~17:45	이벤트/수료증 안내

2
예물, 예단, 혼수
꼭 필요한가?

내가 도금 반지를 선택한 이유

우리 결혼식의 취지는 허례허식을 뺀 결혼식이었기에 예물과 예단은 처음부터 생략하기로 예비신랑과 합의가 됐다. 또 양가 어머니들과도 각자 지출비용은 각자 부담하자고 논의하였다. 예를 들면, 결혼식 당일 어머니들 한복과 헤어 및 메이크업은 어머니들이 부담하는 식이었다.

이외에 친정어머니가 딸 시집보내는데 이불을 꼭 시부모님께 선물하고 싶다고 하셔서서 그렇게 하셨고, 이 외에 양가가 주고받은 것은 없다.

우리가 결혼식 및 신혼집 전세자금 마련을 대부분 우리 힘으로 한 것이 사실이지만, 그렇다고 어른들이나 친척들 도움을 하나도 안 받았다고 하면 거짓말이다. 신혼집 전세자금까지는 아니어도 결혼식 비용 및 신혼여행 자금 정도의 용돈은 주셨고, 감사히 받아서 알뜰히 사용하고 대부분 저축해 이사 및 전세자금에 활용하였다.

그리고 예물은 반지만이라도 할까 고민하고 따로 구경하러 가본 것도 사실이다. 결혼 전에 신랑과 부산에 간 일이 있었는데 잠깐 백화점에 들른 일이 있었다. 그곳에서 다이아몬드 반지를 50% 할인하고 있었다. 어차피 결혼준비도 하고 예물도 필요했는데 겸사겸사 구매할까 고민하였지만, 평소 반지를 거의 착용하지 않는 나의 경우를 생각해 사지 않았다. 또 백화점은 할인해도 비싸고, 할인가에 구매하는 것이지 결코 돈이 안 나가는 건 아니기 때문이다.

특히, 내가 예물반지를 구매하지 않은 건 결혼 전 커플링을 잃어버린 경험 때문이다. 평소 물건을 잘 잃어버리지 않고 커플링이라는 그 의미와 비용 때문에 더욱 속상했는데, 나중에 브랜드를 알고 보니 도금 반지였다. 커플링이 도금이라 조금 당황하기도 하였지만, 나중에는 잃어버린 바에는 잘됐다고 생각하였다. 그리고 그 반지 디자인이 굉장히 맘에 들었던 터라 신혼여행 갈 때 면세점에서 같은 브랜드로 면세 가격에 VIP 혜택까지 받아 훨씬 저렴한 가격에 샀다. 또 신랑예물은 반지, 시계 등을 고려하였으나, 그냥 결혼 후 컴퓨터 구매로 대체하였다.

사례- 내 다이아 반지가 가짜라니!

2007년 다이아 반지를 구매한 A씨는 결혼식 후 육아 등의 이유로 반지를 끼지 않던 중 최근에서야 반지 착용을 위해 금은방에 들렀다가 다이아가 가짜라는 사실을 알게 된다. 당시 거금을 들여 다이아 반지 세트를 하고 감정서까지 받았기에 가짜라고는 전혀 의심하지 않았고, 의미 있는 결혼 예물이기에 충격은 더욱 컸다.

이에 경찰서에 방문했지만 2007년까지는 사기죄의 공소시효가 7년으로 2016년 당시 법적 처벌이 불가하며, 재판을 하려면 그 매장에서 구입했을 당시의 반지라는 것과 큐빅으로 바꾸지 않았다는 것을 증명해야 하는데, 현실적으로 이는 불가능한 일인 것. 당시 매장도 없어진 지 오래였다.

관련 업계 종사자에 따르면 다이아는 값어치도 없고, 판매자들도 가끔 다이아가 가짜로 들어와 황당하다고 하니 예비신부들은 유의하시길 바란다.

3
신혼여행 후
날아드는 카드 고지서를 기억하라

　이렇게 꼭 필요한 곳에만 돈을 썼어도 컴퓨터 비용과 신혼여행 비용을 무이자 3개월 할부로 결제해 결혼 후에도 한동안 약 100만 원씩의 카드값을 매달 결제해야 했다. 또한, 7월에 결혼식 후 10월에 이사를 하게 되어 전세금은 물론이고, 이사비용 및 도배·장판 비용으로 또 한 번 목돈이 나가게 되었다. 아껴쓴 우리도 이러할진대 혼수 및 예단까지 준비한 부부들의 비용은 전세금 외에 최소 몇천만 원의 비용이 결혼과정에서 지출될 것이다. 예물·예단 및 혼수를 생략하고 결혼식과 전세자금에 올인한 것은 시간적으로나 경제적으로나 정말 잘한 선택이었던 것 같다.

청첩장 가지고 면세점 VIP 카드 발급받기

　　예비부부는 결혼시장의 큰손이기에 청첩장을 잘 활용하면 얻을 수 있는 혜택이 많다. 면세점 VIP 카드 또한 청첩장만 지참하고 안내 데스크를 방문하면 즉시 발급해주니 잊지 말고 발급받자. 골드 회원이 되면 최대 15%까지 할인 혜택을 받는다.

4
결혼식의 핵심, 예식장

예식장 선정은 곧 결혼식 일정을 확정한다는 뜻이다. 사실 날짜 확정에 관한 특별한 원칙이 없기에 언제로 선정할지 애매한 것이 사실이다. 우리는 신랑이 신혼여행을 호주에서 개최되는 콘퍼런스에 참여하고 싶다고 해 결혼식 날짜를 콘퍼런스 개최일에 맞춰 결정하였다.

그리고 예식장을 결정하기에 앞서 손품으로는 인터넷으로 웨딩카페를 검색했고, 발품으로는 결혼박람회에 방문하였다. 여기서 정한 나의 원칙은 조사를 하되, 나의 시간과 에너지를 생각하여 정보조사에 너무 많은 시간을 들이지 말자는 것이었다. 이는 내가 직장생활을 하고 있는 것도 한 요인이었지만, 정보의 홍수 시대에 모든 것을 검색하고 모든 것을 둘러보며 결정을 할 수도 없을뿐더러, 그것은 시간 낭비라고 생각했다.

본인이 살고 있는 지역과 상황에 따라 예산은 다르기에 이 책에서 모든 경우의 수를 제공할 수도 없다. 나는 나의 안목과 경험을 믿고 내가 정한 예산 안에서 최대한 효율적으로 결정하기로 마음먹었다.

5

웨딩박람회는 방문하되
계약은 신중히!

　그래도 결혼시장은 처음이기 때문에 먼저 전반적인 흐름을 알아보기 위해 결혼박람회에 방문하기로 하였다. 결혼식에 관심을 가지니 결혼박람회 관련 정보는 잘도 보였다. 특히, 신문을 정기 구독하였기에 더 쉽게 정보를 얻었던 것 같다. 주말에 예비신랑과 같이 몇 군데의 박람회를 방문하였다. 박람회는 한 장소에서 플래너 상담, 한복 및 예단 상담, 예물 상담, 신혼여행 상담 부스로 나눠 진행되었다. 먼저 플래너 상담을 받았는데, 일단 전반적인 견적이 내 예산을 훨씬 초과한 200만 원대였다. 그 항목을 하나씩 살펴보니 사진사 항목이 70만 원으로 큰 비중을 차지하였다. 스튜디오 촬영은 생략하기로 했고, 폐백도 생략하기로 한 대신 드레스와 메이크업 수준은 더 낮추지 않기로 했다. 그렇다면 양가 앨범 1권씩에 우리 앨범 1권, 원판+스냅 사진이 포함된 사진사 비용을 낮춰야 하는데, 플래너는 사진사 비용은 출장비 및 인건비며 70만 원에서 더 이상 낮출 수는 없다고 하였다. 하지만 나의 견해로는 사진사의 전문성을 무시하는 것은 아니지만, 하루 출장비가 70만 원이라는 것은 비싸다고 생각했으며, 사진 전공 지인이 있다면 앨범이나 보정이 완벽하진 않더라도 지인에게 부탁하고 싶은 심정이었다.

웨딩박람회는 두세 군데 방문해보고 더 이상 가진 않았다. 형식은 대부분 비슷했으며, 내가 생각한 예산보다 비용은 비쌌다. 한 마디로, 우리처럼 돈 안 되는 신혼부부들은 반기지 않았다. 예를 들어, 신혼여행을 호주 콘퍼런스 참석을 하기 위해 간다면 그들의 패키지를 이용하지 않기에 대행하지 않는 것이었다. 플래너 또한 그들의 짜진 형식 안에서 진행하길 원했지, 그 안에서 내 기준으로 불필요한 항목을 삭제하거나 할 순 없었다. 한마디로 완벽한 패키지였다.

웨딩박람회 사은품, 정말 무료일까?

그래서 우리는 전체적인 흐름을 살펴보는 것 외에 가계약은 한 건도 하지 않았고, 방문하면 주는 사은품들도 받지 않았다. 사은품 증정기준을 보면 박람회 내에 세 군데 부스를 방문하여 도장을 3개 받으면 무슨 선물, 5개 도장을 채우면 더 좋은 선물을 주었지만, 결국은 그게 시간 낭비라고 생각했기 때문이다. 또 여담이지만 박람회에서 알게 된 매장을 방문한 적이 있었는데, 사장님이 말씀하시길 "박람회장에서 계약하면 싼 것처럼 얘기해도 박람회 입점 수수료가 있기 때문에 그 부담은 다 고객에게 전가된다."라고 말씀하셨다. 또 박람회장에서 신혼부부 도장을 무료로 파준다고 홍보하는 경우가 있었는데 끝까지 들어보니, 결국은 카드 만들고 안 쓰면 잘라버리라는 내용이었다. 카드도 필요 없고 내 개인정보는 중요하기에 우리는 무료(?) 도장을 만들지 않았다.

PART
03

웨딩플래너와
함께

1

웨딩플래너를 만나다

발품 외에 손품은 딱 두 군데 팔았다. 한 곳은 결혼 전 신촌 지하철역에서 홍보를 나온 협동조합이었고, 한 곳은 허례허식 없는 결혼식을 추진한다는 업체였다. 두 군데 다 플래너를 직접 만나보았고, 패키지 가격은 100만 원 내외로 굉장히 저렴했다. 그렇다고 해서 소속된 업체 또한 수준이 크게 떨어지는 것 같지 않았다.

나중에 한군데 플래너님 얘기를 들어보니 어떤 예비신부의 경우 드레스는 어디 거, 메이크업은 어디로 해달라라고 정해오는 경우도 있다고 들었다. 사실 나도 드레스와 메이크업이 가장 중요하기에 '플래너와 계약하기 전에 좀 더 알아봤어야 하나?'라는 생각도 들었다. 솔직히 한 번뿐이고 가장 예쁘게 보여야 하는 결혼식이기에 본인이 선호하는 드레스와 메이크업을 잘하는 업체가 있다면 미리 알아보고, 그 업체로 맞춰달라고 요구하는 것도 방법일 것이다.

하지만 나는 드레스와 메이크업의 수준을 낮추진 않되, 추가 비용을 내거나 최고로 할 생각은 없었다. 내 예산의 범위 안에서 최고의 수준을 바랐기에 더 이상의 시장조사 없이 두 명의 웨딩플래너 중에서 한 곳으로 결정하기로 마음을 정했다. 그리고 그 기준은 일단 예식장으로 정했다.

한국표준웨딩협회 http://www.kswasmart.co.kr

웨딩플래너는 이윤만 극대화한다는 편견을 깨준 곳이다. 여성가족부 허가 비영리법인으로, 간소하고 품격 있는 결혼식을 통해 대한민국 표준 웨딩 롤모델을 제시하고자 한다.

결혼준비라는 망망대해에서 멘토 같은 플래너를 찾는다면 주저하지 말고 연락해보자.

당신의 처음이자 한 번뿐인 결혼식을 더욱 뜻깊게 만들어줄 것이다.

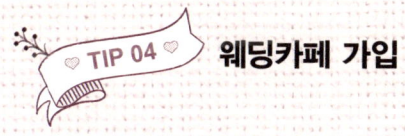

웨딩카페 가입

결혼을 준비하며 손품으로 웨딩카페를 가입했다. 꼭 가입할 필요는 없지만, 한군데 정도는 가입해서 결혼시장의 정보도 얻고 다른 예비신부들은 어떻게 준비하는지 엿보는 것도 결혼 전에만 할 수 있는 즐거움이니까. 또 결혼 관련 업체들이 한곳에 몰려 있어 여기저기 손품 팔 것 없이 한곳에서 비교·결정할 수 있는 장점이 있다.

나의 경우 청첩장은 큰 고민 없이 웨딩카페의 패키지로 결정했다. 하지만 아무래도 카페도 수익을 내야 하는 만큼 무조건 싸다고 결정하는 것이 아니라 시간을 들여 잘 선택할 것! 나의 경우 내가 계약한 예식장이 무료(?)라는 광고를 해 업체에 전화해 알아보니, 무료라는 항목 외에 다른 항목에서 추가적으로 수익을 올리는 구조였다. 결론은 무료가 아니지만, 고객의 이목을 끌기 위해 과장광고를 하는 것이다.

결혼준비는 선택의 연속이기에 신중히 결정하되, 결정을 한 뒤에는 자신의 결정을 믿고 추진하는 것이 중요한 것 같다. 결혼도, 신랑도 다 선택이니까.

2

드디어 예식장을 선정하다

예식장을 선정했다고 하는 것은 결혼식의 절반은 해치웠다고 해도 과언이 아니다. 예식장 계약과 함께 결혼식 날짜가 정해지며, 신혼여행 일정도 정해지고, 친척과 지인들에게도 날짜를 확정해서 알려줄 수 있기 때문이다.

일단 우리는 교회에서 만났으므로 예배 형식으로 결혼식을 하되, 교회가 아닌 예식장에서 결혼하기로 마음먹었다. 예식장에서 결혼하는 경우 천편일률적이고 찍어내듯 결혼하는 경우가 사실이다. 그래서 요즘 유행하는 스몰웨딩, 하우스웨딩도 있지만, 솔직히 장소 대여비며 웨딩플래너와 신부가 직접 준비하며, 신경 쓰는 비용이 만만치 않다. 내가 계약한 예식장의 경우 식대 외에 모든 비용이 무료였는데, 그게 가능한 이유가 생화 꽃장식도 당일 한 번만 장식하면 그날 결혼한 모든 커플이 이용할 수 있기 때문이다.

또한, 결혼식장의 편의시설 및 용품 또한 결혼식을 위해 준비된 것이기에 미리 준비하거나 결혼식 후 치우거나 할 필요가 없다. 하지만 관공서의 경우 결혼식장 대여료가 별도로 있는 경우가 있는데, 내가 방문한 곳은 50만 원이었다. 관공서의 얘기로는 원래 세미나 등 다용도의 장소를 결혼식 당일 결혼식에 맞게 다시 세팅하는 비용이라고 했다.

하지만 이 또한 그날 결혼하는 커플이 우리 한 명이라면 우리가 전부 부담하겠지만, 여러 커플이 결혼한다면 대여료는 나눠 내는 게 맞다고 본다. 또 관공서는 신부대기실 또한 원래 목적이 아니기에 결혼식 입구와 멀리 떨어져 있었고, 급조한 장식이 거슬렸으며, 심지어 찾기 힘들었다. 대신 예식 시간이 한 시간 반으로 길었고, 식대가 5천 원 더 저렴하였다. 하지만 그만큼 음식 가짓수가 적었다. 이곳이 회사 또는 집 근처였으면 고려할 수도 있

었으나, 거리 면에서 봤을 때 굳이 하객들을 이곳으로 모실 이유
는 없었다.

교회 또한 이러한 이유로 제외하였다.

우리는 천편일률적인 결혼식을 하고 싶진 않았지만, 그렇다고
카페를 대여해 하우스웨딩이라는 형식으로 진행할 만큼 비용을
들일 순 없었다. 전체적인 기존의 결혼식의 틀은 가져가되, 그 안
에서 선택 및 변형이 가능한 부분은 최대한 내 의견을 반영하여
까다롭게 선택하였다.

3

결혼식은 결혼식장에서

　플래너 한 분이 소개한 예식장은 강북에 위치한 곳으로, 사실 우리가 원한 지역이 아니었다. 우리는 신랑과 신부의 직장 중간에 위치한 교통이 편리한 강남지역에 위치한 예식장을 고려하였기 때문이다. 하지만 일단 방문해보기로 하였다. 특히, 나는 예식장 계약 전에 시식을 요구하였다. 예식장 선정 시 가장 중요한 점은 무조건 음식이라고 생각했기에 시식을 꼭 해봐야 한다고 생각했기 때문이다. 나는 시식이 목적이 아니라, 결혼식 장소 선정이 목적이었기에 당당하게 시식 가능 여부를 문의하였다.

1) 시식은 필수!

우리 커플은 모두 삼십 대 중후반에 결혼하기에 결혼식장 음식이 물릴 대로 물린 사람들이었으며, 사실 적지 않은 비용으로 시중 레스토랑 수준의 음식이 제공되지 않는 점에 불만도 있었다. 가짓수만 많지, 제대로 해동되지도 않았거나 식어빠진 뷔페에 넌더리가 난 참이었다.

우리의 요구대로 플래너가 소개한 예식장은 시식이 가능했으며, 시식 당일 날 우리 이름으로 예약된 테이블이 마련돼 결혼준비로 업된(?) 신부의 욕구를 만족시켰다.

음식은 마음에 들었다. 음식이 하나하나 각기 맛이 있었으며, 종류도 많아 아이부터 어른들까지 만족시킬 수 있을 것 같았다. 그 비결을 들어보니 음식을 미리 만들어놓지 않고 바로바로 만든다고 하였다. 나중에 시식한 어머니들도 만족스러워하셨다. 특히, 친정어머니는 호박죽을 제대로 만들었다며 이렇게 만드는 데가 별로 없다고, 예식장 선정을 잘하셨다고 좋아하셨다. 나중에 하객들도 여기서 저녁까지 먹고 가고 싶을 정도였다고 좋아하셨다.

식대는 앞서 관공서 예식장보다 5천 원이 더 비쌌지만, 강남의 4만원 대에 비하면 적정수준이라고 생각했다. 또 우리가 생각한 고속버스터미널이나 강남 부근이 아니어서 멀리서 오는 하객들에게 죄송한 마음이 들었지만, 막상 결혼식을 해보니 올 사람은 오고 안 올 사람은 안 오더라.

2) 신부대기실, 예식장, 식당이 모두 한곳에

내가 계약한 예식장이 강북이었지만 지하철역에서 나오면 바로 앞에 위치해 교통이 편리했으며, 찾기 쉬웠다. 또한, 단독 홀로 한 타임에 한 쌍만 예식이 진행되며, 한 층에 예식장, 식당, 신부대기실이 갖춰져 있어 다른 시간대의 하객이 섞이거나 나이 드신 어른들이 찾기 힘든 부분이 전혀 없었다. 계약 전엔 한 시간의 예식 시간이 짧다고 느꼈으나, 긴 주례는 나부터 지루했다.

막상 식을 진행해 보니 한 시간 안에 주례 및 축가, 사진촬영이 가능했다. 특히, 이 예식장으로 계약한 이유는 직원들의 진심 어린 서비스 정신 때문이다. 박람회장은 결혼의 진지한 의미나 프라이빗한 느낌보다는 조금이라도 자신들에게 유리하게 패키지를 진행하고자 하는 플래너와 예비부부의 탐색전이 펼쳐지는 곳이었다.

3) 직원들의 진심 어린 서비스

하지만 이 예식장은 한 커플, 한 커플 진심으로 서비스하는 것이 느껴졌으며, 계약대로 식대 외에 결혼식장 대여료 등 추가비용은 일절 없었다. 또 추후에 어머니들이 시식하시는 경우 시간 맞추기도 힘들고 하여 양가 어머니들 두 분만 방문하였는데도 직원들이 정성껏 응대해 주셨다. 또 어머니들 헤어 및 메이크업 비용도 총 10만 원으로 저렴하였으며, 시식 날 다른 커플의 혼주 스타일링 모습을 사전에 본 후 예식장에서 진행할 수 있었다. 한복 또한 예식장 소개로 시식 후 방문하여 적절한 비용에 대여를 결정하고, 결혼식 후 반납 또한 예식장에서 대행하기로 하였다.

이렇듯 결혼식 전반에 걸쳐 성혼에 의미를 두고 친절하게 응대하여 계약 이후에도 결혼식 전반에 걸쳐 의견을 조율하는 데 있어 불미스러움이 없이 순조롭게 진행할 수 있었다.

훨씬 저렴한 예식장 패키지

따로 웨딩플래너 없이 결혼식 또한 예식장에서 패키지로 진행하는 것도 가능하다. 내가 시식한 결혼식장의 경우 비수기에 100만 원에 가능한 패키지를 선보이고 있었다. 예식장에서 하는 경우 드레스나 메이크업이 불만족스러웠다고 하는 때도 있는데, 그런 경우 먼저 진행한 커플을 참고하면 될 것이다. 위 예식장도 메이크업은 강남에서 출장 나온다고 하였다.

여기 어때?

교회결혼식

교회결혼식을 결정하는 경우는 결혼식의 편리성 및 비용보다는 장소의 의미를 중요시하는 경우다. 다니던 교회에서 예식을 치르는 경우 소속 목사님의 주례하에 예식을 하며, 청년회에서 성가대 등의 지원이 가능하다.

담임 목사님 주례의 경우 목사님의 일정을 먼저 확인해 결혼식 날 주례가 가능한지 확인하는 것이 중요하다. 목사님 면담 시 교회에 따라 졸업증명서, 건강검진결과지, 재직증명서, 혼인관계증명서를 제출할 수 있다.

염두에 두어야 할 것은 교회 예식이라고 해서 비용이 저렴할 것은 기대하지는 말라는 것이다. 정해진 비용은 없지만, 관례상 결혼 전후에 감사헌금 명목으로 일정비용을 납부해야 할 수도 있다. 또한, 교회 규모에 따라 담임 목사님 주례 요청 사례비가 결코 만만치 않은 편이다.

전문 예식장이 아니고 총괄 대행업체가 없기에 예식 전반의 일정을 직접 챙겨야 할 수도 있다. 보통 일정 규모의 교회의 경우 연관된 출장 뷔페 업체가 있으며, 시식 및 가격 확인 후 결정하면 된다.

성당결혼식(혼인성사)

경건한 분위기 속에서 결혼의 엄숙한 의미를 되새길 수 있는 성당 결혼식은 연예인들도 선호할 정도로 인기이다. 특히, 고풍스럽고 우아한 외형을 갖춘 서울의 약현, 명동, 역삼, 방배성당이 인기가 많다. 인기 있는 성당은 예약 추첨을 하는데, 추첨 당일 현장은 아수라장을 방불케 한다는 뒷얘기다.

성당 결혼 절차는 혼인교리 수업을 받고 혼인준비서류(세례증명서, 교적사본, 혼인교리수료증 등)을 지참해 혼인 면담을 한다.

명동성당의 경우 기본 혼인비용은 봉헌금 320만 원을 포함해 500만 원이며, 주례감사예물 비용은 별도이다.

관공서 결혼식

간소한 결혼식이라는 취지에 걸맞은 형태이나 결혼식만을 위한 전용공간이 아니라는 점, 결혼식 전담 인력이 없다는 점 등의 문제점도 존재한다. 반대로, 외주업체가 전담하는 경우 비용 등 일반 예식장과 별반 차이가 없는 경우도 있다.

그럼에도, 작고 뜻깊은 결혼식이 가능한 여성가족부 선정 '작은 결혼식 으뜸 명소' 15곳을 공개한다.

웨딩 재테크

1. [서울] 시민청

내가 만드는 작고 뜻깊은 결혼식

매년 2월/8월 시민청 홈페이지를 통해 신청 및 심의, 선정 절차를 거쳐 진행

🖥 http://seoulcitizenshall.kr/nr/
📞 02-739-7332

관공서 예식장 중 독보적인 입지를 자랑한다. 시민청 태평홀(실내예식)과 서울연구원(야외예식) 총 두 곳에서 예식이 가능하다. 자체 진행은 물론 작은 결혼식 취지에 공감하는 협력업체를 통해 꿈꾸던 나만의 결혼식을 직접 실현해 볼 수 있다. 시민청이라는 상징성과 틀에 박히지 않고 허례허식 없는 결혼식을 희망하는 예비부부들에게 적합하다.

진정한 작은 결혼식은 적은 하객 수로 완성된다는 기본 취지에 따라 100명 내외의 하객을 모실 수 있으니 양가 어른들과 상의 후 결정하도록 하자.

2. [서울] 국립중앙도서관

주차 및 교통 편리, 저렴한 대관료, 높은 이용 실적

전(前)분기 첫 달에 다음 분기 사전 신청(ex: 1월에 4~6월 예약 신청 접수)

🖥 http://www.nl.go.kr
📞 02-590-0534

3. [서울] 청와대 사랑채

청와대라는 상징성, 유리로 되어있어 풍경이 아름다움

매년 상반기 공모를 통해 선정된 커플을 대상으로 예식 진행

📞 여성가족부 가족정책과
02-2100-6331~2

4. [부산] 서구청 웨딩홀

최신식 시설 구비, 결혼 전용공간

결혼당사자 또는 혼주 직접 방문 신청

🖥 http://www.bsseogu.go.kr/content/?hnum=OtaXo0C98QN3&s_code=zl
noH3tYTzP0&w_code=5pVYU1Ondvc0&subcnt=9
📞 서구청 본관 3층 총무과
051-240-4107)

5. [대구] 대구교육연수원 연리지홀

신부대기실, 음향시설 등 구비돼 있어 편리

🖥 http://edu.deti.or.kr/
📞 053-231-1041

6. [인천] 월미공원 양진당

1일 1회 예식으로 여유로운 전통혼례 가능

전통혼례만 가능, 전화 문의

📞 032-440-5925

7. [광주] 광주 공무원교육원 주말 결혼식장

1일 1회 예식 운영 및 야외 결혼식도 가능

광주광역시에 주소를 둔 모든 시민으로 동일일 경합 시 저소득층,
다문화가정 등 우선

🖥 http://edu.gwangju.go.kr/contents.do?S=S14&M=050600000000
📞 062-613-7023

8. [울산] 중구 컨벤션
높은 만족도 및 이용 실적, 주차시설 구비

울산 중구 관내 신랑, 신부, 혼주 중 주민등록상 주소가 울산 중구로 등록되어 있으면 예식 진행 가능

🖥 http://www.junggu.ulsan.kr/elife/elife08_02.php
📞 052-290-3193

9. [경기] 굿모닝하우스
대관료 무료, 잔디광장에서 야외 결혼식 가능

경기도청 홈페이지 통해 모집

🖥 http://goodmorning-house.co.kr/space/sub_04
📞 031-8008-4015

10. [경기] 국립 아세안 자연 휴양림
아세안 전통 가옥 테마로 조성된 숲 속에서 야외 결혼식 진행

🖥 http://www.huyang.go.kr/forest/contentIntro.action?dprtmId=0104
📞 031-871-2796

11. [강원] 정선군 여성회관
주차 및 교통 편리, 높은 이용자 만족도

📞 033-560-2319

12. [충북] 영동군 여성회관
예식장, 신부대기실 등 리모델링 완료, 주말 전용

충북 영동군민만 신청 가능

📞 043-740-3888

13. [전북] 무주군 안성면 주민자치센터
생태 건축물로 상징성이 있으며, 야외 결혼식 가능

사전연락(3~4일 전) 후 방문신청

📞 063-320-5902

14. [전남] 농업박물관 혼례청
길놀이, 풍물놀이 등 공연과 함께하는 전통혼례

홈페이지 통해 예약 가능

🖥 http://www.jam.go.kr
📞 061-462-2796

15. [경남] 경남도민의 집
옛 도지사 관사를 활용한 곳으로 상징성이 있음

사연을 적어 경상남도건강가정지원센터(gsnd@familynet.or.kr)
로 신청

🖥 http://welfare.gyeongnam.go.kr/jsp/sub04/04_06_04.jsp
📞 경상남도 여성가족정책관실
   055-211-2243
📞 경상남도건강가정지원센터
   055-249-2846

출처- 여성가족부

하우스웨딩

가든에서 야외예식을 하고 건물 내부에서 식사하는 형태로, 독립적이고 아름다운 예식이 가능하다. 100명 이상의 하객을 수용 가능하며, 하루 예식 횟수가 제한적이어서 여유로운 예식이 가능하다.

단점은 비용으로, 대관료는 물론 한 번의 예식을 위해 꽃장식부터 세팅 비용까지 개별 부담해야 하기에 일반 예식장으로 발길을 돌리는 일도 있다.

카페웨딩

하우스웨딩보다 장소의 독립성이 덜하지만, 비용부담이 적은 형태이다. 50~80명의 하객을 수용할 수 있으며, 축의금을 생략하고 감사의 의미로 식사를 대접하는 경우도 있다.

소규모 하객 수를 모시는 만큼 결혼을 알리되, 장소의 협소함으로 불가피하게 모시지 못하는 양해의 글이 담긴 카드를 별도로 준비해 알리는 것도 좋다.

전통혼례

보통 간소화된 형태로 진행되며, 시민청, 한국의집, 운현궁, 남산 한옥마을 등에서 가능하다. 서구식 스튜디오 촬영 후, 또는 해외에서 결혼식 후 한국에서 전통혼례로 또 한 번 진행하는 경우가 많다.

예식 당일 아름다운 고궁을 배경으로 야외촬영 후 야외예식을 진행하고 실내 피로연 장소에서 음식 대접이 가능하다.

이외에도 여행과 결혼식이 결합한 펜션웨딩 등이 있다.

TIP 06 ♡

예식 3개월 전 계약 파기해도 계약금은 돌려받을 수 있어요.

예식업		
분쟁유형	해결기준	비 고
1) 사업자의 귀책사유로 인한 계약 해제		
− 예식일로부터 90일 전까지 (~90) 계약 해제 통보 시	• 계약금 환급 및 계약금의 100% 배상	
− 예식일 당일까지(89~당일) 계약 해제 통보 시	• 예식비용 배상	
2) 소비자의 귀책사유로 인한 계약 해제		*예식일에 대체 계약이 발생했을 경우 계약금 환급 및 위약금 청구를 금지함.
− 예식예정일 90일 전까지 (~90) 계약 해제 통보 시	• 계약금 환급	
− 예식예정일 60일 전까지 (89~60) 계약 해제 통보 시	• 총비용의 10% 배상	
− 예식예정일 30일 전까지 (59~30) 계약 해제 통보 시	• 총비용의 20% 배상	
− 예식예정일 29일 이후 (29~) 계약 해제 통보 시	• 총비용의 35% 배상	
3) 부대품 및 부대시설 미사용으로 인한 부당대우	• 예식비용금액 환급	

4) 사업자의 고의·과실로 부대 품 및 부대시설 미이용	• 이용요금의 배액 배상	
5) 예식사진 관련 피해 – 이용자의 동의 없이 촬영된 사진	• 사진금액 환급	
– 촬영 의뢰한 사진의 멸실 또 는 상태 불량	• 다음 각호에 따라 손 해배상	

1. 소비자가 주요사진의 전부 또는 일부의 재촬영을 원하는 경우에는
   사업자 자신의 비용부담으로 재촬영하되 전부를 재촬영하는 경우에
   는 이에 추가하여 촬영요금(이하 계약에서 정한 촬영요금)을 소비자
   에게 지급하며, 주요 사진의 일부만을 재촬영하는 경우에는 촬영요
   금의 배액을 지급함.
2. 소비자가 주요사진의 재촬영을 원하지 않는 경우에는 사업자는 촬
   영요금의 3배액을 소비자에게 지급함.
* 주요사진이라 함은 주례사진, 신랑·신부 양인 사진, 신부 독사진,
  양가부모 사진, 가족 사진, 친구 사진을 의미함.

출처– 한국예식업중앙회
공정거래위원회

4
웨딩플래너와 계약을 하다

　결혼식장을 정한 뒤 그곳을 소개해준 웨딩플래너와 계약을 했다. 관공서 결혼식장을 소개해준 플래너의 패키지가 더 쌌지만, 예의상, 또 의리상 위 플래너와 계약을 했다. 특히, 이 분의 경우 사진 비용을 내 맘대로 조율할 수 있어 좋았다. 결혼패키지에서 사진은 흥정하기 쉽게 본식 및 스냅이 몇 P, 앨범 몇 권은 얼마라는 식으로 돼 있고, 페이지 수 및 앨범 권수가 줄어들면 그만큼 비용도 내려간다.

　나는 과감히 앨범 자체를 없애고 필름 원본만 받을 수 있느냐고 문의했다. 솔직히 앨범과 사진액자를 만들어도 자주 볼까 싶었고, 개인적으로 결혼식 날 인위적이고 판에 박힌 사진보다는 자연스러운 사진을 선호하기 때문이다. 또 필름 원본을 받으면 내가 원할 때 전문업체에 맡겨 앨범이나 사진을 만들면 된다고 생각했다. 특히, 원본 제공 시 추가비용을 요구하는 업체도 많은데, 이곳은 추가비용이 없이 보정비용 5만 원만 추가되었다.

또한, 플래너님과 결혼식 준비를 하며 수차례 만났는데, 드레스 선정 전까지 계약 및 계약금을 요구하지 않았다. 그래서 계약에 대한 부담감 없이 편안하게 만나 뵙고 드레스 등을 선정할 수 있었다.

이 분과 함께하며 가장 좋았던 점은 객관적인 의견을 들을 수 있었다는 점이다. 나의 경우 내 주장이 강한데 이 점은 장점이 될 수도 있지만, 단점이 될 수도 있었다. 특히, 결혼식 전반에 걸쳐 비용을 아껴야 한다는 생각이 강했는데, 이에 대해 플래너님은 그러다 보면 돈은 돈대로 나가고 결혼식을 망칠 수도 있다고 조언해 주셨다.

사실 결혼식을 생략한다면 모를까, 결혼식을 하면서 비용을 안 쓸 수는 없다. 또한, 결혼 전반에 걸쳐 봤을 때 결혼식 비용보다는 신혼여행과 예물, 예단 비용이 더 크다. 결혼식 날 사치는 아니더라도 쓸 땐 써야 한다. 또 이 분과 계약하고도 나 나름대로 부케 등등을 알아봤지만, 결국 이 분이 소개해 준 곳과 비슷한 가격이었다. 또 예식장 및 결혼식 일정을 이 분이 다 꿰뚫고 계시기에 부케가 몇 시쯤 와야 하는 등 자질구레한 부분을 신경 쓸 것 없이 플래너를 통해 합리적인 가격에 진행할 수 있었다.

PART
04

신혼여행, 고고

모든 결혼하는 이들의 로망인 신혼여행!
준비하는 과정과 방법에 따라서 비용은 천차만별이다.
하지만 우리는 '재테크'라는 취지에 맞게 비용 합리성을 중
심으로 알아보기로 하겠다.

1
예약시기의 결정

　예약시기는 생각보다 굉장히 중요하다. 국내여행이 위주라면 모르겠지만, 해외여행으로 신혼여행을 결정했다면 가장 큰 비용을 차지하는 비행기 삯을 좌우하는 것이 예약시기이기 때문이다. 이 부분은 평소에 해외여행 경험이 있는 사람들에게는 상식적인 요소지만, 신혼여행이 첫 여행이 되는 부부들에게는 이 과정을 만만히 봤다가 많게는 몇십만 원을 손해 볼 수도 있는 요소이므로 주의가 필요하다.

　신혼여행 기간이 성수기라면 적어도 6개월 전에는 예약을 해야 합리적인 조건의 비행기 표를 예약할 수 있다. 6개월이 너무 이

웨딩 재테크

른 기간이라고 생각할 수도 있겠지만, 가는 지역이 널리 알려진 신혼여행지에 성수기라면 가격이 문제가 아니라 표 자체가 없을 수도 있다.

2

어떻게 준비할 것인가
(여행사는 필요악이다?)

예비부부 둘 중에 한 명이 알아볼 시간이 충분하다면 여행사는 사실 필요 없다. 농산물이 비싼 이유가 유통마진 때문이라고 이해하면 쉽다. 하지만 둘 다 직장인일 경우 시간도 결국은 비용이므로 앞서 비유처럼 중간단계를 최소화한다면 합리적인 신혼여행 준비가 가능하다.

여행사가 필요악인 이유는 여행사를 어떻게 이용하느냐에 따라서 합리적인 선택에 매우 큰 도움이 되기 때문이다. 아무리 발품을 판다고 해도 이 분야에 전문가인 여행사 관계자들을 따라올 수 없다. 따라서 가까운 중소규모 여행사를 찾아가서 귀찮게 하는 방법을 쓰거나 결혼박람회에서 직접 질문해서 얻어내는 정보들을 잘 활용하자.

앞서 말한 비행기 예약만 해도 해외여행 경험이 충분하다면 모르겠지만, 경험이 전무한 상태에서 가격만 보고 덥석 예약했다가 낭패를 볼 수도 있기 때문이다. 비행기 삯의 경우 유류할증료와 티켓오픈 조건에 따라서 가격이 천차만별이 될 수도 있기 때문에 이 부분에서 여행사의 도움은 매우 유용하다.

3

실전 신혼여행 준비

　언제 어떤 방법으로 갈지 정했다면 이제는 필자가 신혼여행을 준비했던 과정대로 따라가 보자. 필자의 경우 신혼여행 준비를 상대적으로 시간이 자유로운 남편이 담당했고, 가려는 지역이 그 시기에 성수기가 아니었기 때문에 3개월 전부터 신혼여행 준비에 들어갔다. 그전에 결혼박람회를 통하여 필요한 조건의 사전 조사는 마친 상태였으며 부부가 합의한 기준은 이러했다.

첫째, 패키지는 지양할 것

시간이 매우 부족한 예비부부가 가장 많이 선택할 수 있는 것이 패키지이다. 평생 한 번 있는 결혼이라 생각하여 눈 한 번 질끈 감으면 신혼여행 내내 일절 신경 쓰지 않고 편하게 지내다 올 수 있는 장점이 있다. 단점은 역시 가격이며 인터넷이나 기타 경로의 상대적으로 싸게 보이는 특가 상품도 있으나, 비용을 줄인 만큼 함정이 존재한다. 함정이라는 것은 여행사 측에서 항공료+숙박비+이윤을 저렴하게 붙여서 박리다매인 것처럼 모집하지만, 실상은 패키지여행의 필수 요소인 여행가이드 비용이 빠져 있는 경우가 있다.

이런 패키지의 경우에 여행가이드는 추가로 비용이 발생하는 옵션이나 쇼핑을 강요하여 비용을 뽑아내게 되는데, 옵션이나 쇼핑을 모두 거부한다면 신혼여행 내내 엄청난 가이드의 불친절을 감당해야 할지도 모른다. 우리 부부는 강철 멘탈이라서 두 번 다시 안 볼 가이드 따위는 두렵지 않다고 생각하더라도 말로 먹고 사는 가이드답게, "한 번뿐인 신혼여행에서 이 정도는 해야 한다.", "여기 소개하는 이 상품은 국내에서는 구할 수도 없다.", "돌아가서 친지들 선물이 필요하지 않나?", 블라블라… 쉴새 없이 유혹한다. 이런 식의 말발에 현혹된다면 매우 저렴하다고 생각했던 패키지 비용도 차후에 결산하면 정반대의 지출로 결정 나는 경우도 있다. 따라서 부득이하게 패키지를 이용한다면 너무 비용이 저렴한 것을 피하고, 미리 여행사를 통하여 옵션이나 쇼핑을 강요하는 코스인지 미리 확인하는 것이 좋다.

과거 패키지는 비용은 비용대로 비싸고 바가지도 쓰는 경우가 많았으나, SNS가 일상화된 요즘 시대에는 그런 패키지는 거의 없다고 보면 된다. 여행 패키지는 시간이라는 비용을 돈으로 지불하는 것이라고 생각하면 된다. 예비부부 양측이 둘다 시간이 없다면 패키지를 선택하는 것도 재테크라는 취지에 맞는 합리적인 선택이라고 볼 수 있다.

둘째, 자유행동 시간이 충분할 것

충분한 비용을 들여서 바가지와 가이드의 횡포가 없는 패키지를 선택했다고 하더라도 패키지여행에는 반드시 강제되는 것이 있으니, 그것은 자유시간이다. 패키지여행은 단체로 하는 경우가 많고, 그렇지 않은 경우라도 가이드는 정해진 관광 순서에 따라 여행객을 안내해야 할 의무가 있다. 물론, 가이드의 재량과 관광지의 특성에 따라서 자유행동 시간이 충분히 보장되는 경우도 존재하나, 우리 부부는 여행의 묘미는 낯섦에서 오는 의외성이라고 생각하였다.

그리고 아무래도 패키지는 이 낯섦을 최소화하여 편의성을 증대시키는 상품이다 보니, 패키지는 일찌감치 제외가 되어서 비행기부터 숙소까지 완전히 따로 예약을 하기 위해서 검색을 하던 중 여행사 상품 중에서 비용도 저렴하고 여행지에서 자율성도 완전히 보장하는 상품을 알게 되었으니, 그것은 이름 하여 에어텔. 말 그대로 항공과 숙박을 연계(airplane+hotel)한 상품으로서, 항공과 숙박을 따로 하는 것보다 더 좋은 조건으로 이용할 수 있

신혼여행, 고고

는 장점이 있다.

이토록 가격이 저렴할 수 있는 이유는 여행사에서 항공권을 상당히 이른 시기에 단체로 선 구매하고 현지에서 연계할 수 있는 숙박업소를 정하여 소정의 이윤을 붙여서 판매하므로 개인이 따로 구하는 것보다 저렴한 가격으로 낼 수 있는 것이다.

에어텔의 단점이라고 하면 말 그대로 항공권과 숙박업소 예약을 제외하고는 완전히 자유여행과 같으므로 결혼행사(?)로 지친 몸을 이끌고 현지 공항부터 숙소에 가는 것까지 알아서 가야 하는 단점이 있다. 일부 숙박업소는 픽업서비스를 제공하는 경우도 있기는 하나, 매우 제한적이므로 없다고 생각하는 편이 낫다. 결론적으로, 묶어서 판다는 측면에서는 패키지의 형태를 띠고 있으나, 내용은 자유여행이라고 보는 것이 타당하다.

가장 유념해야 할 부분이 예약 취소에 관한 부분인데, 다른 패키지 상품보다 훨씬 불리하다. 예를 들면, 항공권 오픈상(날짜 변경)이 매우 짧거나 취소 시 수수료가 상당히 높은 경우도 있으며, 숙박업소의 경우 일정 기간 이후 취소 시 환불이 불가능한 예도 있다. 따라서 선택에 신중함을 기해야 한다. 또한, 에어텔과 패키지의 절충안인 세미팩(semi+pakage)도 있는데, 패키지에서 일부 자유일정을 보장하는 상품도 있으니 여건에 따라서 선택하면 된다.

결론적으로, 우리 부부는 결국 에어텔을 이용할 수 없었다. 에어텔은 숙박업소와 연계가 필수인데, 주로 이용할 여행지의 지역과 가까운 숙소와 연계되는 상품이 없었기 때문이었다. 하지만 결혼 후 첫 휴가 때 이용할 수 있었는데 아주 만족스러웠다. 도전정신이 충만한 부부라면 한 번쯤 도전해볼 수 있는 경험이며, 재테크라는 취지 면에서 아주 바람직한 선택일 것이다.

위의 두 가지 기준 때문에 완전 자유여행으로 준비하게 되었는데, 충분한 사전조사를 거쳐서 항공권은 국내 소셜커머스에서, 숙박업소는 호텔스닷컴이나 익스피디아를 비교하여 결정하였다. 너무 도전정신을 강조하다 보니 여행지에서 좌충우돌하면서 생긴 에피소드도 있었다. 아무 생각 없이 푹 쉬었다가 오는 신혼여행과는 동떨어진 체험이었지만, 결혼생활 자체가 결국 둘이서 함께하는 긴 여정이므로 그것을 좀 더 일찍 체험해본다고 생각하

신혼여행, 고고

니 여러모로 잊을 수 없는 신혼여행이 되었다.

결혼생활에서 재테크라는 것은 결국 두 사람이 함께 의견을 절충해나가는 것이 가장 기본이므로, 신혼여행을 어떤 형태로 얼마를 들여서 갔다 왔느냐 하는 것이 중요한 것이 아니라, 준비하는 과정에서 서로 다른 의견을 어떻게 조율해나가고 여행지에서 두 사람이 어떤 경험을 공유했는지가 가장 중요한 신혼여행의 취지라고 생각한다.

도심 공항 이용법

서울 삼성역과 서울역에 위치한 도심공항터미널을 활용하면 대기시간이 대폭 줄고 여유롭게 면세점 쇼핑을 즐길 수 있다. 도심 공항에서 미리 체크인(탑승수속)과 출국심사를 완료하면 인천 공항 도착 후 별도의 전용 출국통로를 이용해 출국절차를 빠르고 편리하게 마칠 수 있다.

여행사 이용 시 영업보증보험 가입 여부 확인!

여행정보센터(tourinfo.or.kr)에서 영업보증보험에 가입한 여행사를 확인하자. 여행사가 부도나거나 계약을 이행하지 않는 경우를 방지할 수 있다.

❤ 해외여행 시 금융상식

① 인터넷, 모바일 앱을 통해 환전

굳이 은행창구를 방문하지 않더라도 인터넷, 모바일 앱을 통해 환전을 신청하고, 집에서 가까운 은행 영업점이나 공항 내 영업점 등에서 직접 외화를 수령할 수 있다.

또한, 모바일 앱을 이용해 환전하는 경우 최대 90%의 환전 우대율을 적용받을 수 있다.

특히, '일정금액 이상 환전' 등의 조건을 충족할 경우 무료 여행자보험 서비스 등 다양한 부가서비스도 받을 수 있다.

은행연합회 홈페이지에서 은행별 외환수수료를 비교할 수 있다.

www.kfb.or.kr→은행업무정보→은행수수료 비교→외환수수료 및 스프레드

② 이중환전(국내: 달러→국외: 현지통화)을 통해 수수료 절약

동남아시아 등의 통화는 국내에서 달러화로 환전한 후 현지에서 다시 환전하는 것이 유리하다. 달러화는 국내 공급량이 많아 환전 수수료율이 2% 미만이지만, 동남아 등의 통화는 4~12%로 높은 수준이다. 또한, 환전 우대율 역시 달러화가 높다.

③ 해외여행자보험 가입

여행기간에 맞춰 가입이 가능하며, 여행 중 발생한 상해, 질병 치

료는 물론 휴대품 도난, 배상책임 손해까지 보상받을 수 있다. 보험

가입은 손해보험회사 콜센터, 대리점 및 공항 내 보험사 창구에서도

가능하다.

　보험가입 시 작성하는 청약서에 여행목적 등을 사실대로 기재해

야 하며, 이를 위반할 경우 보험금 지급이 거절될 수 있다.

④ 카드 결제 시 현지통화로 결제

　해외에서 신용카드 결제 시 현지통화가 아닌 원화로 물품대금을

결제하는 DCC 서비스를 이용하는 경우 원화결제 수수료(약 3~8%)

가 추가된다.

> **DCC(Dynamic Currency Conversion) 서비스:** 국내카드 회원이 해외가맹
> 점에서 물품대금을 원화로 결제할 수 있는 서비스

　만약 결제 후 신용카드 영수증에 현지통화 금액 외에 원화(KRW)

금액이 표시되어 있다면 DCC가 적용된 것이니 취소하고 현지통화

로 결제해 달라고 요청할 필요가 있다.

　특히, 한국에서 해외 호텔 예약사이트 또는 항공사 홈페이지 등

에 접속해 물품대금을 결제 시 DCC가 자동으로 설정된 곳도 있으

신혼여행, 고고

므로 확인 후 결제해야 나중에 추가 수수료 부담을 덜 수 있다.

⑤ 카드 부정 사용 발생 시 카드사에 보상 신청

카드 분실, 도난 신고 접수 시점으로부터 60일 전 이후에 발생한 부정사용금액에 대해서는 원칙적으로 카드사에 보상책임이 있다.

다만, 고의 또는 중대한 과실로 비밀번호를 누설했거나 카드 등을 양도 또는 담보의 목적으로 제공한 경우 카드 이용자가 책임을 부담할 수 있는 만큼 주의해야 한다.

⑥ '출입국정보 활용 동의 서비스' 신청

카드사와 법무부 출입국관리국간 출입국 여부 관련 정보를 공유해 본인이 국내에 있을 경우 해외에서의 신용카드 승인을 거절하는 시스템을 운영하고 있다. 따라서 해외여행 중 부정 사용이 발생하지 않았어도 본인도 모르게 카드가 위·변조되어 귀국 후 부정 사용이 발생할 수 있는데, '출입국정보 활용 동의 서비스'를 활용할 경우 해외 부정 사용을 예방할 수 있다.

⑦ 해외이용 잠금 서비스 신청

귀국 후 '해외이용 잠금 서비스'를 신청해 신용카드 위·변조를 통한 해외 부정 사용을 방지한다.

⑧ 긴급대체카드 서비스 이용

해외에서 카드가 분실, 도난, 훼손당하였을 때 체류국가의 '긴급대체카드 서비스'를 이용할 수 있다.

Visa(www.visakorea.com), Master(www.mastercard.com/kr) 등의 홈페이지에서 카드 분실 및 도난 시 국가별 긴급 서비스센터 연락처를 확인할 수 있다. 긴급 서비스센터에 연락하면 가까운 은행에서 임시대체카드를 발급받을 수 있다.

긴급대체카드는 임시카드이므로 귀국 후에는 반납하고 정상카드를 발급받아야 한다.

⑨ 여권과 카드상의 영문이름 일치 여부 확인

여권상의 영문이름과 신용카드상의 이름이 다를 경우 카드 결제를 거부당할 수 있으므로 출국 전 일치된 신용카드로 교체 발급받는다. 카드 뒷면에는 서명을 한다.

⑩ 신용카드 결제일 및 결제대금 확인

해외 체류 중 카드대금이 연체되면 카드 사용에 제한을 받을 수 있다. 체류기간에 결제일이 돌아오는 경우 출국 전에 미리 결제대금을 확인할 필요가 있다.

⑪신용카드 한도와 유효기간 확인

한도를 초과해 결제 시 거래가 정지되며, 해외 체류 중에는 카드 유효기간이 지나더라도 분실, 도난 위험 때문에 새로 발급된 카드 발송이 불가능하다.

⑫여권분실 시 한국대사관에 신고

여권분실 시 한국대사관(영사관)에 신고하여 여행증명서 또는 단수여권을 재발급받아야 한다. 재발급 신청을 위해서는 분실한 곳에서 가까운 경찰서에서 발급받은 분실증명서와 여권 번호, 발행연월일, 여권용 사진 2매 등이 필요하다.

여권분실에 대비해 여권사본 및 사진 2매를 준비해 여권과 다른
곳에 보관하는 것이 좋다.

출처- 금융감독원(http://www.fss.or.kr)

신혼부부 기념 케이크 신청

왕복 항공편 중 한 번만 가능하며, 대한항공, 싱가포르항공, 터키
항공 등이 대표적이다.

웨딩♥재테크

PART 05

스, 드, 메

⚡ '스, 드, 메'는 스튜디오, 드레스, 메이크업을
묶어 부르는 웨딩 업계의 신조어입니다.

1
3만 원에
스튜디오 촬영을 하다

비용절감 등의 이유로 스튜디오 촬영을 생략하기로 했지만, 한복도 안 입는데 너무 생략하나 싶기도 했고, 결혼식 당일 포토존을 꾸밀 사진도 없어 조금 고민이 되었다. 하지만 비용문의를 위해 알아본 곳들은 대부분 몇십만 원대였으며, 거기다 도우미 비용 등 추가비용까지 있었다.

그렇게 결혼식을 몇 주 앞둔 어느 날, 꼭 웨딩 스튜디오가 아니라 참신하게 결혼식 날 하객들에게 우리의 얼굴을 알릴 수 있도록 동네 사진관에서 정장 입고 액자사진 하나만 찍는 건 어떨까 하는 생각을 하였다. 순수한 사진 비용 외에 의상, 헤어, 메이크업은 내가 연출하는 것이다. 그 후 혹시나 하는 마음으로 평소 잘 이용하지 않던 소셜커머스를 검색해 봤다.

1) 스튜디오 촬영 대신 커플 사진

웨딩 사진이 아닌 커플 사진, 우정 사진으로 검색해 보니 저렴한 가격의 상품이 눈에 띄었다. 그중 두 곳의 스튜디오가 같은 금액이었는데, 자세히 보니 한 곳은 필름 원본 구매 시 추가비용이 있었다. 우리는 추가 금액 없이 필름 원본 10장까지 포함된 이벤트가 3만 원에 스튜디오 한 곳을 예약했다. B4 사이즈의 액자 2개까지 포함된 가격이었다.

스튜디오에서는 타사 대비 저렴한 가격에 메이크업과 헤어 및 미니드레스 등을 대여했지만, 결혼식 날과 이미지가 겹치기도 하고, 내가 소장한 원피스 중 평소에는 입지 못한 과감한 의상을 그날 꺼내 들기로 하였다. 또한, 내 스타일은 내가 가장 잘 알기에 내가 직접 헤어와 메이크업을 연출하여 인위적이지 않은 자연스러운 분위기를 내기로 했다.

2) 웨딩스튜디오에서 커플 사진을

스튜디오 촬영은 만족스럽게 진행되었다. 업체는 저렴한 가격에도 불구하고 공지 외에 조금의 추가비용 없이 많은 사진을 찍어 주었다. 웨딩촬영 배경 및 소품도 많아 밋밋하지 않은 사진이 연출됐으며, 조명도 적당해 내가 생각해도 멋진 사진이 나왔다. 또한, 평소 사진을 자주 찍지 않아 표정이 어색한 편인데, 이날 촬영을 통해 결혼식 당일에는 그래도 좀 더 자연스럽게 표정과 포즈를 연출할 수 있었다.

3만 원에 포함된 액자 두 개는 결혼식 당일 날 포토존으로 대신했으며, 원본 필름 중 1장만 대형 사이즈로 인화해 결혼식 당일 날 전시하였다. 보통 웨딩스튜디오 사진을 찍으면 결혼식 당일 날과 이미지가 겹치기 마련인데, 저렴한 비용에 커플 사진은 사진만 전문가의 도움을 받고, 그 외에는 우리가 연출하기에 자연스럽기도 하고 이것이야말로 손쉽게 도전할 수 있는 셀프웨딩인 것 같다.

🌸 캐주얼한 스튜디오 사진

2

결혼식 날의 꽃,
드레스에 올인하다

1) 폐백은 생략

기독교 문화이기도 하고 폐백 상차림 비용도 만만치 않아 폐백
은 생략하기로 했다. 폐백을 하면 어른들이 용돈을 주시는데 왜
그걸 생략하느냐는 의견도 있었지만, 어른들 돈도 돈이고 상차림
비용도 만만치 않았으며, 폐백 시 한복 및 도우미 비용도 추가되
는 경우가 있어 생략하기로 했다. 한복을 못 입어 한복 사진이
없는 게 아쉬웠지만, 신랑, 신부 한복 대여료도 만만치 않았기에

신부만 이브닝드레스로 갈아입고 신랑은 처음부터 끝까지 턱시도 한 벌로 쭉 가기로 했다. 같은 드레스숍에서 이브닝드레스를 고르면 추가비용 10만 원만 내면 되기에 신랑, 신부 두 명의 한복 대여료보다는 저렴하기 때문이다.

대신 드레스와 메이크업에 추가비용 내진 않았지만 플래너가 제시한 금액에서 더 깎지도 않았다. 드레스만큼은 내 맘에 들고 화려하게 하고 싶었다.

2) 드레스 투어, 신랑도 꼭 같이 해야 하나

이제 드레스 투어다. 일단 드레스 투어는 신랑 없이 웨딩플래너와 동행하기로 결정했다. 드레스투어는 무한대의 범위에 처음 시도하는 의상이기에 무엇이 나에게 잘 어울릴지, 시간은 얼마나 걸릴지 가늠이 힘들었다.

신랑은 결혼 전 자기 턱시도도 입어보길 귀찮아하는 사람이다. 그런 사람과 함께 얼마나 시간이 소요될지 막막한 드레스투어를,

그것도 최종결정 날도 아닌 처음부터 같이 할 필요는 없다고 생각했다. 최종결정도 나 혼자 했는데, 어떤 스타일인지 비밀로 했다가 결혼식 당일 날 짠 하고 보여주는 것도 괜찮은 것 같았다.

3) 원하는 드레스 스타일을 검색, 검색

숍 방문 전 먼저 내가 입고 싶은 드레스 사진을 검색해서 숍에 도착한 후 드레스를 입기 전에 직원에게 보여주었다. 많은 드레스 중에서 약 3~5벌가량 입어볼 수 있기 때문에 많지 않은 기회를 소중히 사용해야 하기 때문이다.

처음 방문한 숍은 한마디로 마음에 들지 않았다. 나는 의상 전문가는 아니지만 내 나름의 안목은 있다. 또 나는 내가 골라온 드레스 사진의 모델처럼 완벽하진 않지만, 결혼식 당일 날 나만의 장점을 살려야 했다. 하지만 내 이상과 현실의 틈은 컸다.

4) 드레스 피팅, 드라마랑은 다르더라

TV에서 보는 것처럼 커튼을 밀어젖히면 아름다운 신부가 마치 조개 위의 비너스처럼 서 있고 신랑이 감탄하는 모습은 결코 연출되지 않았다. 그 모습이 연출되려면 의상은 물론, 헤어와 메이크업이 드레스에 걸맞게 미리 준비되어야 하는 것이다!

나의 드레스는 뭔가 화사한 느낌이 아닌, 창고에 오래 묵은 연극 의상 같았다. 내가 입을 드레스는 비록 구입하진 않지만 나에게 딱 맞는, 내가 찾던 '그' 옷이어야 했는데, 숍의 드레스는 남의 옷을 빌려 입은 것만 같았으며, 고급스럽지도 않았다. 나는 내 인생 최고의 옷값인 무려 55만 원을 투자하는데 말이다! 또 내 나름대로 화장을 하였으며, 직원이 머리를 땋아 나름대로 연출해주었지만, 드레스 속의 나는 까무잡잡하고 왜소한 소녀가 남의 옷을 빌려 입은 모양새였다.

이건 아니다. 그 후 세네 벌의 옷을 갈아입었지만, 이상과 현실의 차이는 컸으며, 이 숍의 드레스는 나를 만족시킬 수 없었다. 그나마 얻은 소득이 있다면 앞으로 드레스 선택 시 넓게 퍼지는 스타일이 아닌 인어라인으로 해야겠다는 정도이다.

5) 원하는 드레스를 만날 때까지 고고

웨딩플래너에게 나의 실망감을 명확히 전달했다. 플래너의 말로는 이 정도 수준이면 대부분의 신부는 만족한다지만 나는 달랐다. 이렇게 입을 바에는 차라리 간소한 흰색 빈티지 원피스를 입고 신랑과 함께 입구에서 하객을 맞는 것이 우리가 생각하는 결혼식의 의미에도 걸맞을 것이다. 또한, 원피스를 입으면 도우미 비용인 15만 원도 절약할 수 있다.

웨딩드레스는 흰색이다. 우리는 결혼식에 가서 신부가 예뻤다, 안 예뻤다만 기억하지, 사실 드레스는 흰색인 것밖에 기억나지 않는다. 예쁘지도 않고 기억도 나지 않는다면 차라리 비용도 절감하고, 색다르게 간소한 원피스를 입고 신부대기실에서 동떨어져 수동적으로 인사를 받기보다는 활동적으로 신랑과 함께 멀리서 오신 하객들에게 인사하는 게 더 낫다.

기억도 나지 않고 천편일률적인 흰색 드레스를 고가의 비용을 들여 입고 싶진 않았다.

6) 요구사항을 명확히 전달하라

플래너에게 내 요구사항을 정확히 설명하고 마지막이라 생각하고 두 번째 숍을 방문했다. 두 번째 숍은 달랐다. 먼저 직원들이 드레스를 골라오는 안목이 달랐다.

'진부하지 않고 참신하면서 시스루 느낌이 나는' 내 요구사항을 여러 번 생각하면서 의상을 가져왔다. 원단이 다르다는 게 이런 뜻일까? 옷은 고급스러웠고 묵은 느낌이 나지 않았으며, 레이스는 섬세했다. 더 이상의 투어는 필요 없었다. 이곳의 옷은 대부분 마음에 들었으며, 그중 내 체형에 가장 잘 어울리는 인어라인으로 어깨에 비즈가 화려한 드레스로 최종 선택했다. 이제 이곳에서 이브닝드레스를 고르면 된다.

7) 커플 한복 대신 이브닝드레스로 비용절감

미니 웨딩드레스는 어울리지 않았으며, 롱드레스는 밤무대 의
상처럼 조잡하고 너무 화려해 숭고한 결혼식 날 입기에는 어울리
지 않았다. 다행히 고심하는 나를 위해 직원들이 추천한 드레스
가 만족스러워 결정을 끝낼 수 있었다.

신랑은 바지 한 벌에 두세 벌의 상의를 입어본 후 가장 무난한
스타일로 결정하였다. 나는 13cm의 구두를 무료 대여했으며, 신
랑 구두만 7cm로 3만 원의 추가비용만 부담했고 이 외의 추가
비용은 없었다.

🌸 결혼식 당일 컷

♡ TIP 08 ♡

드레스 피팅, 무료 아니에요

　　　웨딩플래너를 끼지 않은 경우 드레스를 입어볼 때마다 3

만 원가량의 비용을 내는 일도 있으니 참고할 것.

3

아차차, 메이크업!

1) 메이크업은 예습이 없다

드레스는 그나마 입어볼 수나 있지, 메이크업은 해볼 수도 없고 시안도 없다. 그저 당일 날 하는 것이다. 메이크업은 강남의 미용실이라고 하는데, 당일 날 가보니 사실 내가 원하는 분위기는 아니었다. 마치 공장처럼 3층에서 메이크업을 하고, 2층에서 드레스를 입고, 마지막으로 1층에서 헤어를 완성하는 식이었다. 내가 생각했던 곳은 나만의 프라이빗한 공간에서 몇몇의 직원이 정성 들여 완성하는 것이었다. 하지만 이곳은 기초화장과 헤어는 스텝들이 도맡아 했으며, 색조 메이크업만 디자이너가 하는 식이었다.

여자들이 알겠지만, 피부표현이 얼마나 중요한가? 스킨과 로션만 바르고 오라고 했는데 누구처럼 시트마스크를 올려주는 등의 서비스도 없고, 이럴 거면 에센스랑 크림이라도 바르는 건데. 어쨌든 피부표현이 마무리되고 원장님이 색조 메이크업을 하러 왔다. 원래 부원장님이 하기로 했는데 원장님이 해주시는 거란다. 감사한 일이지만 중요한 건 실력과 정성이다.

간혹 보면 플래너와 계약 때는 원장님이 한다고 했다가 결혼식 날 부원장이나 실장님으로 격하되는 경우도 있다던데, 내가 계약한 플래너는 믿고 계약한 만큼 이런 부분으로 속이거나 하진 않았다.

2) 요구사항을 명확히 전달하라

어쨌든 공장제도 같은 미용실 분위기에 조금 실망했지만, 나는 드레스숍에서 했던 것처럼 내 요구사항을 명확히 전달했다. 화려하고 과감하게 메이크업 할 것! 예전엔 너무 인위적이고 천편일률적으로 결혼식 메이크업을 했다면 요즘은 너무 자연스럽다 못해 화려한 느낌이 덜한 것 같았다. 전문가에게 받는 만큼 평상시와는 다른 특별한 메이크업을 받고 싶었다. 하지만 내 의도가 제대로 전달이 안 됐나 보다. 속눈썹을 붙이는데 마치 연극무대에서나 쓰는, 벌레처럼 기다란 속눈썹을, 그것도 내 눈매보다 훨씬 길게 붙이는 것이 아닌가.

다시 원장님께 내 의견을 전달했다. 과장되게가 아닌 음영이 명확하게 들어간, 또 실제로 봤을 때도 자연스러우면서 사진도 잘 나오는 메이크업을 요구했다. 또 요즘 속눈썹을 자연스럽게 붙이기 위해 부분적으로 붙이기도 하는 거 아니냐고 되물었다. 원래 속눈썹을 떼내고 다시금 메이크업을 했다.

3) 결혼식 날 안 예쁜 신부도 있다

　간혹 결혼식 날 안 예쁜 신부도 있다. 메이크업을 받아도 오히려 평소보다 못한 경우도 있고, 그 사람에게 안 어울리게 하기 때문이다. 헤어를 받을 때 드레스까지 갖춰 입는데 슬쩍 옆을 보니 정말 감탄이 나는 청순하고 아름다운 신부도 있었지만, 결혼식 날임에도 안 예쁜 신부도 있었다.

　그런 경우 평소 자신의 스타일을 고집해 앞머리를 내리거나 옆머리를 내리는 경우다. 결혼식 날만큼은 평상시 느낌에서 탈피해 전문가를 믿고 자신의 의견을 처음은 물론, 중간중간에 정확히 얘기해 반영해야 한다. 메이크업은 단 한 번뿐이기 때문이다.

PART
06

결혼식장의
모든 것

1

청첩장과 식권

    청첩장 또한 우리가 비용을 최소화한 항목 중의 하나이다. 일단 웨딩카페에서 가장 저렴한 청첩장과 식권으로 구매했다. 보통의 청첩장은 3면으로 된 경우가 많은데 우린 크리스마스카드처럼 2면으로 된 것으로 결정했다.

    물론, 최저가이기에 디자인이 고급스럽진 않아 걱정했는데, 막상 나눠주니 우리가 직접 제작했느냐며 귀엽다는 반응이어서 안심했다. 평범한 디자인 대신 안에 글귀는 우리가 직접 작성하여 우리만의 정성과 개성을 담았다.

1) 모바일 시대, 청첩장은 소량만

청첩장 매수는 고민되는 부분이었는데 결론만 얘기하자면, 요즘 같은 모바일 시대에 청첩장은 큰 의미가 없었다. 회사나 나이드신 친지분께만 직접 또는 우편으로 청첩장을 건네드렸고, 대부분의 경우 청첩장 표지와 속지를 사진으로 찍어 문자로 전송했다.

위에서 계약한 세트에 모바일 청첩장이 포함돼 있었는데 막상 만들려고 보니, 이때는 아직 3만 원짜리 스튜디오 사진을 찍지 않은 터라 사진도 없었고 활용도도 낮아 귀찮기도 했다.

2) 모바일 청첩장, 꼭 필요한가

모바일 청첩장의 웨딩 사진은 사실 신랑 신부 만족용이지, 하객들에겐 큰 의미가 없는 것 같다. 스튜디오 사진이 없어 고민하던 우리는 인터넷에서 멋진 결혼식 사진을 검색해 한 장 한 장 채워 넣었다. 격식과 비용보다는 실리와 재미를 추구한 우리만의 방식이었다. 의외로 인터넷에서 결혼을 배경으로 한 멋진 이미지 사진은 많았다. 신랑 신부의 얼굴이 아닌, 전체적인 실루엣이 멋진 바닷가를 배경으로 펼쳐지는 식이었다.

이렇게 만든 고품격 모바일 청첩장은 우리 얼굴이 나오지 않기에 신부 얼굴이 궁금해서라도 꼭 결혼식에 가야 되겠다는 반응 등을 불러일으키며 손쉽게 마무리되었다.

3) 청첩장보다 식권

사실 청첩장보다 우리가 관심을 기울인 것은 식권이다. 결혼식 날 식권은 곧 돈이며, 식권 수량에 따라 밥값을 계산하기에 예식장과의 분쟁도 걱정됐다. 이에 예식장은 우리가 자체 식권을 준비하면 이를 사용할 수도 있다고 안내하였고 나는 받아들였다. 조금 까다롭게 군다고 생각할 수도 있겠지만 좋은 게 좋은 거라고, 적당히 진행했다가 뒤늦게 불만을 제기하기보다는 처음부터 명확하게 하는 게 서로에게 더 낫다고 생각했기 때문이다.

하객이 직접 받아드는 것이 식권이기에 우리는 예산 가운데 깔끔한 디자인의 식권을 신랑, 신부 각각 다른 색상으로 준비해 헤아리기 쉽게 100장씩 고무줄로 묶어 결혼식 날 가져갔다.

4) 유아용 식권, 잊지 마세요

유아용 식권은 가격이 반값이기에 축의금 책상에 한눈에 알아볼 수 있게 유아용 식권 안내문을 붙여놓았다. 또한 축의금 담당자에게도 유아 동반 하객에게는 먼저 유아용 식권이 있음을 고지하게끔 해 유아가 성인 식권을 사용하지 않도록 주의했다.

TIP 09 청첩장 인쇄 오류

기다리던 청첩장이 왔다. 근데 일부 수량에 다른 커플의 청첩장이 섞여 있는 것이 아닌가. 청첩장이 매수가 많아 일부만 봤는데 신랑이 자세히 보지 않았다면 모르고 넘어갈 일이었다. 또한, 청첩장 업체의 자체 환급기한이 7일이라 그 기간 내 문제를 제기하지 않으면 조금 골치 아파질 뻔했다. 청첩장이 매수가 많더라도 도착했을 때 꼼꼼히 확인해 바로바로 문제를 바로잡길 바란다.

2
보증인원, 어떻게 정할까

1) 메르스의 한가운데 결혼식을 진행하다

우리의 결혼식은 2015년 6월 27일, 메르스의 한가운데였다. 예식일을 정할 때 생각지도 않게 결혼식 단 몇 달 사이에 메르스라는 국가적 재난사태가 발생한 것이다.

심지어 내가 병원 근무자라는 이유로 아이가 있는 친한 친구도 "너희 병원은 괜찮냐?"라며 간접적으로 병원의 감염 상태를 확인하기도 했다.

들리는 얘기로는, 위약금 없이 결혼식을 미루는 대신 같은 결혼식장에서 하기로 한다는 커플 얘기도 들렸다. 웬만한 일로 초연한 나였고 이미 결혼식을 미루기에는 메르스가 너무 급속도로 들이닥쳤기에 우리는 원래대로 차근차근 결혼식을 준비해갔다.

2) 보증인원 선정은 신중하게!

다만, 보증인원(예상 하객수)의 경우 원래 예측이 힘든데다 메르스까지 겹쳐 인원수를 선정하는 데 신중할 수밖에 없었다. 왜냐하면, 너무 적은 인원은 예식장에서도 안 받아 줄뿐더러 음식이 부족할 수도 있다. 반면에, 보증인원수를 넉넉히 했는데, 실제 인원수보다 적게 오는 경우 고스란히 밥값을 물 수밖에 없다. 한마디로, 예식장의 안전장치인 셈인데 결혼식 며칠 전부터 인원수를 놓고 고심을 하다 갑자기 한 가지 아이디어가 떠올랐다.

3) 다음 타임 예식 덕분에 보증인원 걱정을 덜다

우리 결혼식이 토요일 2시인데 다음 예식이 3시에 있기 때문이다. 우리 예식이 마지막이 아니기에 어차피 예식장은 3시 예식을 위해 음식을 넉넉하게 준비하기 마련이다. 그렇다면 보증인원은 최대한 낮추는 것이다. 물론, 너무 차이가 나면 아무리 3시 예식이 있더라도 예식장이 곤란해지겠지만, 보증인원 수보다 적게 오면 모를까 많이 오면 그만큼은 다 내는 것이기에 예식장도 아쉬울 건 없겠다고 생각했다.

그래서 처음에 제시했던 인원수인 190~180명에서 170~160명까지 낮추겠다고 하자, 예식장은 원래 200명 이하는 받지도 않는다며 난색을 보였다. 하지만 나는 메르스로 예식도 취소하는 마당에 그 이상으론 진행할 수 없다며 강경하게 나갔다. 어차피 더 오면 더 내면 되는 거 아닌가? 이에 예식장도 좋은 일에 더 이상 큰소리 내지 않고 내 의견을 수용해 주어 감사했다.

4) 보증인원 넘겨 한시름 놔

그리고 결혼식 전날 그렇게 철석같이 온다고 한 사람들이 못 온다고 하나둘씩 카톡을 보냈다. 보증인원 때문에 그게 그렇게 속상했는데 결혼식 날 보니 못 온다고 한 사람들은 그나마 양반이었다. 아무 말도 없이 안 오는 사람들도 태반이었다. 역시 결혼식의 주인공은 신부이지만 주최자는 부모님들이다. 내가 부모님 나이가 돼 자식을 결혼시킨다면 내 지인들은 이만큼 찾아와 줄까?

사실 결혼식장이 내 회사 근처랑 가깝고 양가 어른들 댁에선 멀었는데도 어른들은 멀리서도 찾아와 주셨다. 신부대기실에서 눈치를 보니 그래도 예식장이 썰렁하지 않고 북적이는 것 같았다. 나중에 우리가 맞춘 식권을 회수해 인원수를 헤아려보니 양가가 100명씩 총 200명의 하객들이 왔다.

5) 그날 하루의 하객 수(=축의금)에 연연하지 말자

평상시 연락이 없다가 오랜만에 연락이 오는 경우는 대부분 다단계 권유나 결혼식을 한다고 알려오는 경우다. 지인의 경우 수십 명의 사람을 말도 없이 단체 카톡으로 초청해 다짜고짜 결혼식 소식을 알려 나를 비롯한 사람들은 불쾌한 마음으로 퇴장하기에 바빴다.

그런 모습을 보며 나는 결혼할 때 그러지 말아야지, 결혼식과 하객 수(=축의금)에 욕심내지 말아야지 하고 다짐했지만, 결국 나도 그들의 모습과 별반 다를 바 없었던 것 같다.

나는 기독교인이라 교회 식으로 예식을 진행했는데, 아래의 내용으로 교인들이 싸잡아 비난받게 될 수도 있겠지만 반성하는 마음으로 소상히 밝히겠다.

결혼을 결심한 뒤 나는 여러 가지 이유로 신랑과 함께 친정교회에서 시댁교회로 옮기기로 하였다. 그리고 시댁교회 목사님이 주례를 서주기로 하셨다.

그 후 원래 다니던 친정교회에 결혼 사실을 알리고, 주례는 시댁교회 목사님이 서주신다고 말씀드렸다.

"결혼하고 교회 옮기는 거 아냐?"

'헉! 어떻게 알았지?'

아니라고 잡아뗐지만 찔리는 양심은 어쩔 수 없었다. 나중에 생각해보니 이런 식으로 결혼식만 마친 후 교회를 옮기는 경우를 많이 겪은 것 같았다.

우리는 시댁 목사님을 통해 시댁교회 교인들의 더 많은 참석을 기대했고, 친정교회 청년회 목사님의 축도를 통해 더 많은 청년들의 참석을 기대했다.

하지만 만일 내가 "결혼하고 교회 옮기는 거 아냐?"라는 질문에 그냥 솔직하게 꼭 결혼 때문이 아니라 여러 가지 이유로 교회를 옮기게 됐다고 말씀드렸다면 어땠을까? 아마도 내가 10여 년간 다닌 교회의 지인들은 나의 결혼식을 진심으로 축하해 줬을 것이다.

하지만 그때 거짓말을 하며 결혼식 날 하루에 마치 그동안의 인간관계 빚 청산하는 양(?) 많은 하객 수(=축의금)에 연연한 것은 받은 만큼 돌려줘야 하는 인생의 이치를 미처 깨닫지 못한 어리석은 짓이었다.

6) 작은 결혼식의 완성은 적은 하객 수로

교회는 비교적 결혼식 참석 및 축의금에 자유롭다면 직장은 비교적 강제성을 띤 편이다. 개인의 친분보다는 부서의 관례에 따라 경조사에 정해진 비용을 걷고 특별한 이유 없이는 경·조사에 불참하기도 어렵다. 하지만 조사에는 같이 슬퍼하고 위로하되, 경사는 정말 친한 이들만 자유롭게 축하해주는 것은 어떨까?

우리 부서는 물론 타부서에 장례식, 결혼식, 둘째 돌잔치까지 챙기기에는 우리의 주말은 소중하니까.

지인을 가장한 브로커를 조심하라

공교롭게도 우리와 같은 날 절친의 친척이 결혼한다는 소식을 들었다. 날짜가 같은 터라 소식을 간간이 전해 들었는데 메르스로 인해 보증인원을 낮춘다고 하니, 그러면 밥값을 올리겠다고 예식장이 맞대응했다고 한다.

이쯤 되니 지인의 소개로 계약한 예식장인데 그렇게 저렴하지도 않을뿐더러 지인의 의도도 의심이 갈 판이다. 결국, 그 커플은 메르스 여파 등으로 인해 보증인원 수보다 적은 하객 수로 예식을 진행하였고, 그 여파는 회수된 축의금에 영향을 미칠 수밖에 없었다.

"메르스는 천재지변 아니다… 환불 의무 없어"

소비자와 업체가 벌이고 있는 '환불 갈등'의 핵심은 '메르스를 천재지변으로 볼 수 있는가' 하는 문제다. 소비자원은 16일 "현재 메르스와 같은 전염병의 경우 천재지변에 속하지 않는다는 게 정부와 업계의 해석이다."라며 "정부가 아직 메르스 사태를 천재지변으로 보지 않고 있기 때문에 소비자가 위약금을 내는 게 맞다."고 했다.

공정거래위원회도 같은 견해를 비쳤다. 공정위 관계자는 16일 "현재 메르스는 천재지변으로 볼 수 없다."라며 "기본적으로 계약 문제는 정부가 관여할 수 없고, 소비자와 사업자 간에 해결해야 한다."고 FACTOLL에 말했다.

현행 소비자기본법에는 환불과 관련된 규정은 없다. 대신 소비자와 업체 간 가이드라인 성격인 '소비자분쟁 해결기준'을 통해 갈등을 해결하도록 권고하고 있다. '소비자분쟁 해결기준'에 따르면, 메르스로 인한 예약 취소는 소비자 귀책사유에 포함된다. 이 경우 소비자가 예정일 90일 전까지 계약 해제를 통보하지 않으면 총비용의 10~35%를 배상해야 한다.

그러나 대한항공과 아시아나항공 등 항공사들과 모두투어와 하나투어 등 일부 여행사는 자체 계약 약관에 따라 6일부터 환불을 실시하고 있다. 이들 기업들은 메르스 의심이나 격리환자에 대해서만 전액 환불을 해주고 있다. 정지연 한국소비자연맹 사무총장은 17일 KBS에 "소비자도 피해자이고 사업자도 사실은 피해자이기 때문에, 서로 이해하고 해결하려고 하는 노력이 필요한 상황"이라고 말했다.

'메르스=국가재난' 선포하면 상황 달라져

그러나 만약 정부가 메르스를 '국가재난'으로 선포할 경우에는 상황이 달라진다. 이 경우에는 '메르스=천재지변'으로 인정돼, 고객이 환불을 요구하면 업체는 전액 환불해 줘야 한다.

〈FACTOLL 2015.6.17일 보도〉

 **결혼도 보험이 된다구요?**

　개인이 가입할 수 없으며 웨딩 사업자를 통해 가입 가능하다. 그 때문에 제휴서비스로 예식장 등 웨딩 업체 선택 시 웨딩 보험을 추가로 가입해주는 형태로 운영되고 있다. 웨딩플래너 또는 예식장 계약 시 웨딩 보험 제휴 여부를 물어보는 것도 팁이다.

PART
07

신부 입장

1

결혼식 당일 날

1) 못 온다는 문자로 마음 상해

드디어 결혼식 아침이다. 그렇게 철석같이 온다던 사람들이 메르스건, 뭐 때문이건 하나둘씩 못 온다는 문자를 결혼식 전날에서야 보내 나는 보증인원 미달 걱정으로 전날 편안히 잠을 자지 못했다. 지방 사람들이야 메르스 때문에 서울에 안 온다 쳐도 같은 메르스의 영향권에 있는 수도권 사람들까지 아이에게 전염을 핑계로 안 온다고 해 무척 속상했다.

특히, 결혼식은 서로 오고 가는 것은 물론 돈까지 주고받기에 내가 한 만큼 못 받으면 속상한 게 사실이다. 그래서 여유 있는 사람들은 축의금을 안 받고 그동안 감사했던 의미로 식사 대접을 하기도 하고, 또는 서로 부담되는 축의금을 안 받는 대신 음식 또한 간소하게 국수를 대접하나 보다.

2) 결혼식 날 아침 스케줄

어쨌거나 이제 결혼식 날 아침이다. 보증인원은 더 이상 걱정해 봐야 소용없다. 내가 할 수 있는 건 내 인생에서 최대한 예쁘게 단장하고 활짝 웃는 것이다. 2시 예식이지만 오전 9시경 미용실에 가서 메이크업을 받고, 도우미가 가져온 드레스를 입고, 전체적인 이미지에 맞춰 헤어를 완성한 후 11시경 택시를 타고 예식장으로 이동했다.

드레스 자락을 잡고 예식장 안으로 들어가는 모습은 흔치 않은 광경이다. 예식장에 도착하자 전 타임 예식이 진행 중이기에, 나는 임시 신부대기실에서 대기하며 예식장에서 단장을 마친 양가 어머니들을 맞이했다.

3) 신부대기실에서 촬영 시간

1시부터 나는 정식 신부대기실에 입장하여 이곳을 배경으로 스튜디오 촬영을 하였다. 일찍 오는 하객들은 많지 않았기에 촬영 시간은 부족하지 않았다. 촬영을 마친 후 나는 대기실에, 신랑은 홀에서 각각 하객들을 맞이했다.

사실 나는 드레스를 간소하게 입으면 신랑과 같이 홀에서 하객들을 맞이할 생각이었다. 실제 이렇게 진행한 커플의 사례를 흥미롭게 읽은 적도 있으며, 아무리 관례라지만 신부 혼자 격리된 곳에서 하객이 찾아오길 기다리는 것보단 적극적으로 하객을 맞이하는 것이 더 의미가 있다고 생각했기 때문이다.

4) 신부는 꼭 신부대기실에 있어야 하나

실제 결혼식을 진행해 보니 결혼식에 오더라도 내 지인 외에는 신부대기실까지 찾아오는 하객도 많지 않고, 시간이 임박해서 도착하는 경우도 있어 대기실에서는 사실 적적한 감도 없지 않았다. 다만, 도우미를 통해 물어보니 식장이 북적댄다고 해 보증인원에 대한 걱정은 한시름 놓고 행복한 결혼식에만 집중할 수 있었다.

5) 신부 입장

드디어 신부 입장이다. 그리고 신랑과 동시 입장. 대부분의 하객들이 일어나 박수와 환호를 보내 듣는 나도 깜짝 놀랐다. 특히 청년회 목사님께 축도를 부탁드렸는데 목사님과 함께 온 청년들이 분위기를 주도하는 것 같았다. 그 후 시어머니가 다니시는 목사님의 주례가 이어졌다. 사전에 간략하게 주례를 하시기로 얘기를 나눴는데, 약 20분간의 설교는 내용은 뜻깊었지만 조금 지루한 느낌도 들었다.

6) 조카의 축가로 분위기 업

🌸 축가를 열창하는 조카

이어지는 축가 순서. 원래 축가는 신랑이 고교 시절 활동했던 남성 중창단이 맡기로 했는데 메르스를 이유로 연습이 미뤄지고 결국 취소되었다. 이후 음대 출신이신 시어머님께 의논을 드려 큰조카가 결혼식을 1~2주 앞두고 축가를 맡게 되었다. 축가는 교회 목사님이 작곡한 곡으로 공식석상에선 처음 연주되는 것이라 더욱 의미가 깊었다. 더욱이 조카의 그 청아한 목소리와 우아한 자태는 조카의 노래 실력을 미리 알지 못한 나로서는 정말 뜻깊고 놀라웠다. 하객들도 큰 박수로 조카의 축가에 호응하였다. 평범한 결혼식이 조카의 축가 덕분에 더욱 뜻 깊어지는 순간이었다.

2

결혼식 밥값 계산

1) 축의금 분배는 어떻게?

예식 후 식권을 헤아려보니 양가 약 100명, 총 200명의 하객이 방문하였고 축의금의 액수도 파악되었다. 사실 축의금의 경우, 우리는 결혼식 및 신혼집 마련에 부모님의 도움을 거의 받지 않았기에 축의금이라도 우리가 가져가고 싶었고, 친정의 경우 부모님의 동의도 얻었다.

그러던 중 결혼식을 얼마 앞두고 축의금과 관련해 이야기를 나누다가 친정에서는 부모님이 전액 다 가져가는 걸로 생각하고 있는 것이 아닌가! 전에 나눈 얘기와 달라 조금 당황하였지만, 얼마가 될지도 모르는 금액을 부모와 자식 간에 따지는 것도 민망해 그렇게 하시라고 하였다.

2) 축의금, 받은 만큼 내야 한다

그리고 막상 결혼식 당일이 되니 나의 경우 하객의 약 80%가 부모님 하객이라 축의금의 권리를 요구하기가 민망했다. 또 와주신 하객이 많은 만큼 우리 결혼식 후 부모님은 받은 만큼 내야 한다고 말씀하셨다.

결론적으로, 일단 부모님이 축의금을 다 가져가셨고, 차후에 우리 명의로 들어온 축의금은 입금해 주셨다. 또 결혼식 후에 이사를 해 그때도 따로 이사비용 하라고 용돈을 주셔서 알뜰살뜰 사용했다. 나는 돈 관련해 정확한 편이지만, 축의금에 관해서는 부모님을 믿고 마음을 비우니 오히려 더 보태 주시고 좋게 마무리돼 잘한 것 같다.

3) 결혼식 후에도 축의금 받기도

결혼식 후에도 참석은 못 해도 통장으로 입금해 주는 지인들도 종종 있었다. 어떤 지인은 참석 못 하는 대신 조금 큰 액수를 입금해 주는 경우도 있었다. 이 친구는 온다고 그리 다짐을 하고선 입덧이 너무 심해 전날 못 온다고 연락을 해온 경우였다.

사실 결혼식 전날 및 당일 날은 이러한 취소 연락으로 인해 너무 예민해져 있어 이 친구에게도 서운함을 내비쳤던 게 사실이다. 하지만 취소 연락이라도 해준 사람은 양반이고, 그나마 정말 오려던 사람들이다. 나중에 이 친구에게는 따로 축의금에 감사를 표시하고, 결혼식을 앞두고 내가 너무 예민해 있던 차라 미안했다고 말했다.

4) 못 온다고 말하면 양반, 대부분 말도 없이 안 오더라

하지만 결혼식 유경험자로서 확실하게 갈 사람만 참석의사를 표시하고 빈말은 자제해서 보증인원 수를 정할 때 도움이 되었으면 한다. 또한, 결혼식 당사자는 보증인원을 정했으면 모든 결혼식 일정은 마음을 비우고 하나님께 맡겼으면 좋겠다.

나는 크게 내색은 안 했지만, 전례가 없는 메르스의 극성기에 결혼식을 하게 된 데다가 믿었던 사람들에 대한 실망감이 겹쳐 결혼식 전날 편안하지 못했다. 결혼식 아침까지도 걱정하다가 결혼식 당일 날 북적이는 하객을 보며 비로소 안도하였고, 방금까지 안절부절못한 내가 허망하게도 느껴졌다.

하지만 그때 다시 깨달은 점은 하객들의 수는 내가 걱정해도 이젠 어찌할 수 없는 건데 내가 너무 걱정하였다는 점이다. 물론, 이걸 머리론 알고 있어도 마음으론 어쩌지 못했는데, 보증인원을 훨씬 넘겨 성황리에 치러진 결혼식을 보며 큰 깨달음과 감사한 마음이 들었다.

축의금 판례

　　판례는 "결혼 축의금이란 혼사가 있을 때 일시에 많은 비용이 소요되는 혼주인 부모의 경제적 부담을 덜어주려는 목적에서 대부분 그들과 친분 관계에 있는 손님들이 혼주인 부모에게 성의의 표시로 조건 없이 무상으로 건네는 금품을 가리킨다." 라고 하여 기본적으로 혼주인 부모에게 귀속된다고 보았다.

　다만, 축의금 중에는 결혼 당사자들을 보고 준 부분도 있을 것이기 때문에 '교부의 주체나 교부의 취지에 비추어 이 중 신랑, 신부인 결혼 당사자와의 친분 관계에 기초하여 결혼 당사자에게 직접 건네진 것이라고 볼 부분'은 결혼 당사자들에게 귀속된다고 한다.

(서울행정법원 1999.10.1. 선고 99구928 판결)

김영란법 축의금을 알아보자

명칭: 부정 청탁 및 금품 등 수수의 금지에 관한 법률

시행일: 2016년 9월 28일

경조사의 범위: 결혼과 장례에 한정

본인 및 직계비속의 결혼

본인과 배우자, 본인과 배우자의 직계 존·비속의 장례

생일, 돌, 회갑 등은 경조사에 해당하지 않음

3-5-10 기준

구 분	금 액	내 역	
음식물	3만 원 이하	식사, 다과, 주류, 음료 등	
선 물	5만 원 이하	음식물 및 금전을 제외한 일체의 물품	음식물과 함께 수수한 경우 합산 가액
경조사비	10만 원 이하	각종 부조금 및 화환, 조화	부조금과 화환 등 합산 가액

'3-5-10 기준'은 직무 관련성이 있는 공직자가 대상이며, 직무 관련성이 없는 경우 100만 원 이하까지 허용될 수 있다. 다만, 업무상

관계없다 하여도 1회 100만 원 초과, 연 300만 원 초과의 금품 등을 제공하여서는 안 된다.

인사, 감사 등 대상자, 민원을 신청한 상대방 등과 같이 공직자 등의 직무와 대가관계가 있거나 이에 준하는 명백하고 현존하는 이해관계가 있어 공정한 직무수행을 저해하는 것이 예상되는 경우 가액기준 내의 경조사비라도 받을 수 없다.

다만, 경조사에 찾아온 손님에게 식사 등을 제공하는 것은 우리 사회의 전통 풍습이고 특정 공직자 등에게만 제공하는 것이 아니므로, 가액기준 3만 원을 초과하는 식사 등을 제공하더라도 법 제8조 제3항 제8호의 사회상규에 따라 허용된다.

법과 미풍양속 속에서 법 적용이 다소 어렵고 혼동될 수 있지만 김영란법(청탁금지법)은 그동안 우리 사회의 부패 고리를 끊고 투명한 사회를 만들고자 하는 것이 핵심이다. 이러한 입법 취지는 상호부담의 관례적인 경조사 문화를 혁파하고, 정말 감사한 분들만 모시는 소중한 자리로 거듭나는 계기가 될 수 있다.

출처- 국민권익위원회

PART
08

결혼생활의 핵심,
신혼집

신혼집 마련에 박차를 가하다

살던 집 빠진 후
들어갈 집 계약하기

결혼식과 신혼여행도 마쳤고, 이제 신혼집 마련에 올인이다. 먼저 자췻집 주인분께 이사 예정이라고 미리 말씀드리고 여기저기 부동산에 집을 내놨다. 또 결혼식을 하면서 할머니를 비롯해 어른들이 주신 용돈을 한 통장에 모아 현금화해놓고 언제든지 신혼집 잔금을 치를 만반의 준비를 해놓았다.

때는 바야흐로 전 세계적인 저금리 기조로 인해 집주인들이 대출을 받아 전세를 월세로 돌리는 실정이었다. 귀한 전세시장이라 전세물건이 나온 바로 당일 날 계약하지 않으면 놓치기 일쑤였다. 문제는 이사 날짜였다. 들어오려는 사람들은 하루라도 빨리 입주하길 원했고 나가야 하는 사람들은 하루라도 늦게 나가길 원했다. 보통 입주자들은 한 달 기한 내 입주하길 원했지만, 전세가 귀한 시점이라 한 달은 촉박해 번번이 퇴짜를 냈다.

  그렇게 일과를 마치면 집을 보러 다니던 어느 날, 저렴한 가격에 전세가 나왔다. 다가구 주택 1층이었는데, 방 2칸에 나름대로 거실도 있고 지하철역과도 그리 멀지 않았다. 두 차례나 방문했는데 살던 분도 반갑게 맞아주시며, 자기네도 여기 살며 아들도 좋은 데 취직했고 집도 괜찮으니 계약하라고 하셨다.

  그래! 계약하는 거다. 아직 자췻집이 빠지기 전이지만, 간간이 보러오는 사람들도 있고 전세로 내놨기에 금방 빠질 것이다. 부동산에 계약날짜를 잡자고 하니 살던 집은 빠졌느냐고 물어보셨다. 나는 전셋집이라 금방 나갈 거라며 이 물건 놓치기 전에 빨리 계약하자고 서둘렀다. 부동산에서 집주인과 계약날짜를 잡아주면서 다시 한 번 말씀하셨다. 자췻집이 늦게 빠져 잔금을 못 맞추면 계약금 떼일 수 있으니 다시 한 번 잘 생각해보라고. 건수 채워서 수수료 받기만 하면 되는 중개사가 그리 말하니 조금 마음에 걸렸다. 이미 마음은 방 2칸으로 이사 갈 마음에 부풀었지만, 경험 많은 집주인과 의논을 해봐야겠다는 생각이 들었다.

"집 나가면 계약하세요."

집주인은 단호히 말씀하셨다. 사실 집주인도 내가 한 달 기한이 촉박하단 이유로 번번이 입주자를 퇴짜 놓아 곤란한 상황이었다. 또 이미 나간다고 한 사람이 이사 갈 집 계약을 먼저 하든 말든 알 바가 아닐 것이다. 하지만 집주인까지 이렇게 말씀하시자 이게 순서가 아니라는 생각이 분명히 들었다. 계약 예정을 취소한다고 하니 중개사가 오히려 반기셨다.

물론, 들어갈 집 계약 후 기간 내에 자췻집이 빠질 수도 있을 것이다. 하지만 그 기간에 나는 피가 마르고 잠도 제대로 못 잤을 것이다. 사실 그동안 집 보러 다니느라 조금 지치기도 하였다. 하지만 이제 다시 시작이다. 나는 운동화 끈을 다시금 고쳐 매고 마음을 다잡았다.

대출 가능 여부
꼭 확인하기

신혼집을 알아보면서 입주 물건에 따라 필요하면 대출을 받기로 하였다. 이미 자췻집 구할 때 한차례 대출 상담을 받은 적이 있어 내 신용에 따른 대출 가능 여부는 파악해놓은 상황이었다. 하지만 문제는 대출에 동의하지 않는 집주인이었다.

세입자가 대출을 받을 때 집주인 통장으로 대출금이 입금되는 구조였기에 대출을 받으려면 집주인 동의가 필수이다. 대출금에 집주인 동의가 필요한 구조도 문제지만, 귀한 전세시장이라 배짱 튕기는 집주인 심보에도 화가 났다. 이런 집주인이라면 나도 사절이다. 2년간 위아래층에 살 텐데, 집만큼 중요한 게 집주인 성품이라는 게 내 지론이다.

집주인이 협조해도 물건 자체가 은행 대출이 가능한지도 잘 살펴야 한다. 결혼 전 자췻집을 알아볼 때 맘에 쏙 드는 원룸이 있어 대출을 받기로 하고 계약을 했다. 은행에서 대출 상담을 할 때 아파트, 오피스텔 등 주택만 가능하니 주택용도를 정확히 하라고 강조해 부동산과 집주인에게 건물용도가 주택임을 정확히 확인하고 특약에 집주인의 대출 협조문구까지 넣어 온 참이었다.

대출 시 계약서가 필요하기에 계약서를 가지고 점심시간을 쪼개 은행에 가서 대출을 신청 후 서둘러 회사로 귀가한 참이었다.

"귀하의 계약물건은 고시원으로 대출이 불가합니다."

은행에서 보내온 문자였다. 부동산 측은 정확히 확인하지 않았고, 건물주는 그러한 건축물의 세부적인 용도까진 몰랐던 것이다. 5층 상가 건물의 꼭대기 층이었는데 임대수익을 위해 차후에 고시원으로 개조해 용도 변경한 듯했다.

부동산 측과 건물주는 이리된 것, 계약금만 돌려받으라고 하였다. 알고 보니 임대인 과실로 인해 계약이 파기된 경우 계약금을 두 배로 돌려주게 돼 있었다. 사실 계약 후 앞으로 갚아나갈 대출금이 부담돼 다음 날 부동산에 가서 계약을 무를 수 없느냐고 물어본 참이었다.

그때 부동산 말이 기억이 난다.

"아가씨, 계약은 계약이에요."

냉정한 현실에 더 이상 묻지 못하고 무거운 발걸음을 돌렸는데 계약이 파기된 것이다. 하지만 계약은 계약이라는 그들은 계약금이 두 배라는 명확한 조항에 관해 일언반구도 없었다. 이 사실도 우연히 내가 이사 가는 것을 알고 있는 동료가 물어와 얘기하니, 계약파기 시 계약금이 두 배라고 알려준 것이었다. 또 다른 동료도 법조계에 있는 가족에게 언제든지 말만 하면 소액재판을 해주겠다고 거들었다.

한 동네에 살고 집주인이 대출에 협조해 주려다 발생한 일이라 소송까지 할 생각은 애초부터 없었다. 다만, 임차인의 과실로 계약 파기되면 먼저 낸 계약금은 고스란히 떼이는 반면, 임대인 과실로 파기 시 계약금을 두 배로 받으려면 소액소송을 해야 하는 불합리한 현실을 자각하는 계기가 되었다. 또한, 이러한 문제를

결혼생활의 핵심, 신혼집

방지하기 위해 중개업자를 끼고 계약을 함에도 중개업자 과실이 발생할 수 있다는 점을 인식하는 계기가 되었다.

전세계약서

    제6조 (계약의 해제) 임차인이 임대인에게 중도금(중도금이 없을 경우 잔금)을 지불하기 전까지 임대인은 계약금의 배액을 상환하고, 임차인은 계약금을 포기하고 이 계약을 해제할 수 있다.

부동산중개업소의 과실로 손해배상 청구 관련 대법원 판례

    중개대상물에 대한 권리관계와 시세에 관한 확인·설명 의무를 소홀히 한 부동산중개업자에게 손해배상책임을 인정하되, 중개업자의 설명만을 믿고 섣불리 임대차계약을 체결한 임차인의 과실을 참작하여 손해배상책임의 범위를 40%로 제한한 사례

(대구지법 2004가단23537 손해배상 판결)

신혼부부 임대주택 모여라

임대주택이란?

    무주택 저소득 서민들에게 저렴한 비용으로 주거안정을 누릴 수 있도록 국가 등에서 공급

공공임대주택 유형별 특징

구 분		영구임대	국민임대	장기전세	공공임대 (5년/10년/ 분납)	행복주택
임대 기간		50년	30년	20년	5년/10년	30년 (입주계층에 따라 거주기간 상이)
공급 조건		보증금+임 대료(시세 30% 수준)	보증금+임 대료(시세 60~80% 수 준)	전세금 (시세 80% 수준)	보증금+임 대료(시세 90% 수준)	보증금+임 대료(시세 60~80% 수준)
공급 규모		40㎡ 이하	85㎡ 이하 (통상 60㎡ 이하)	85㎡ 이하 (통상 60㎡ 이하)	85㎡ 이하	45㎡ 이하
자산 기준	적용 대상		모든 공급유형	모든 공급 유형	모든 공급유형 (단, 기타특 별 제외)	모든 공급유형
	금액 기준		부동산: 12,600만 원 이하 자동차: 2,465만 원 이하	부동산: 21,550만 원 이하 자동차: 2,767만 원 이하	부동산: 21,550만 원 이하 자동차: 2,767만 원 이하	국민임대 또 는 공공임대 기준 준용
소 득	적용 대상		모든 공급유형	모든 공급유형	신혼 60㎡ 이하	모든 공급유형 (단, 주거급여 수급자 제외)

기 준	금액 기준		60㎡ 이하: 70% 이하 85㎡ 이하: 100% 이하	60㎡ 이하: 100% 이하 85㎡ 이하: 120% 이하	신혼:100% 이하	100% 이하
공급유형 (특별, 우선)	수급자 신혼부부	신혼부부 -(자격) 혼인기간 5년 이내 -(선정) 배점기준에 따라 점수가 높은 자		신혼부부 -(자격) 혼 인기간 5년 이내 -(선정) 자 녀수가 많 은 자 (이후 추첨)	신혼부부 (예비신혼부 부, 대학생, 취준생 신혼 부부 포함) -(자격) 혼인 합산기간 5 년 이내 해 당 지역 재 직 중 -(선정) 지 역, 배점 등	

- 2017년 신혼부부 주택도시기금 버팀목전세자금 처음 대출 시

우대금리 0.7%p

대출금리 1.6~2.2%로 낮아질 예정

(출처: 마이홈포털)

결혼생활의 핵심, 신혼집

신혼부부 우대금리 대출 모여라

구 분	주거안정 월세대출	버팀목전세자금	내집마련디딤돌대출
대출대상	부부합산 연 소득 5천만 원 이하인 자	부부합산 연 소득 5천만 원 이하인 자	부부합산 연 소득 6천만 원 이하인 자
대출금리	일반형 연 2.5%	연 2.3%~2.9%	연 2.25~3.15%
대출한도	총 720만 원 이내	최고 1억 원(수도권은 1.4억 원 이내)	최고 2억 원 이내
대출 대상 주택	임차보증금 1억 원 이하 및 월세 60만 원 이하 임차전용면적 85㎡ 이하	임차 전용면적 85㎡ 이하	주거 전용면적이 85㎡ 이하 주택으로 평가액이 5억 원 이하인 주택
대출기간	2년(2년 단위로 4회 연장 가능, 최장 10년)	2년(4회 2년 단위로 연장 가능, 최장 10년)	10년, 15년, 20년, 30년
우대금리		신혼 가구 0.5%p	신혼 가구 연 0.2%p
기 타		혼인기간이 5년 이내 또는 예비신혼부부	
고객부담비용	보증료 0.18%	주택도시보증공사 전세금 안심대출보증서: 대출금액의 0.05%+전세금반환보증금액의 0.15% 한국주택금융공사 주택금융신용보증서: 0.18%~0.28%	인지세: 고객/은행 각 50% 부담 근저당권설정비: 은행부담(단, 국민주택채권매입 비용은 고객부담) 감정비용

(출처-주택도시기금)

전세금 보장보험에 대해 알아보자

전세금 보장보험은?

임차인이 전세금을 돌려받지 못하는 경우가 발생하면 그 전세금을 대신 주는 보험이다.

2017년 금융위원회는 집주인(임대인)의 동의 없이 전세금 보장보험에 가입할 수 있게 하고, 보증료율도 0.153%로 내리기로 했다. 또한, 전세계약을 체결하는 부동산중개업소(단종보험대리점)에서 직접 보험에 가입할 수 있게 개선할 예정이다.

구 분	한국주택금융공사	서울보증보험	주택도시보증공사
전세자금대출 보증대상	전세금 수도권 4억 원 이하 지방 2억 원 이하	전세금 제한 없음	전세금 수도권 4억 원 이하 지방 3억 원 이하
은행의 대출한도	최대 222백만 원	최대 5백만 원	최대 320백만 원
보험(보증)료 부담 주체	채무자	은행	채무자
채권보전절차	원칙적으로 없으며, 필요하면 질권설정 또는 채권양도 동 사실을 임대인에게 통지	질권설정 또는 채권양도 동 사실을 임대인에게 통지	채권양도 동 사실을 임대인에게 통지

결혼생활의 핵심, 신혼집

은행의 권리보험 가입	선택(대부분 가입) 은행의 권리보험 미가입 시에도 보증서 발급 가능	필요 은행의 권리보험 미가입 시 보증서 발급 안 됨	필요 은행이 권리보험에 자체 가입

계약 시 특약 설정 필수

원칙적으로 대출을 받기 위해 집주인의 동의를 받아야 하는 것은 아니지만, '불이익이 없다고 하더라도 얽히기 싫다'는 식으로 나오는 집주인이 많다. 또한, 전세금 보장보험 가입 시 2017년부터 집주인의 동의 없이 가입할 수 있다.

하지만 만일의 사태에 대비해 계약 시 "집주인은 세입자의 전세자금 대출 및 보증에 적극적으로 협조한다."라는 특약 설정을 잊지 말 것.

집은 발품이다

자췻집을 내놓고 일과가 끝나면 신혼집을 알아보러 다니는 일이 일상이 됐다. 주변 부동산은 물론 직방, 다방 등 온라인 부동산의 매물을 살피는 것도 잊지 않았다.

자췻집은 한 달 기한이 촉박해 몇 차례 퇴짜를 놓다가 더는 미룰 수 없어 결국은 한 달 기한으로 방 빼는 계약을 했다. 그렇게 월요일 날 방 빼는 계약을 하고, 부동산 측에 이사 갈 집 알아봐 달라는 얘길 하고 다음 날 점심때 집을 보러 나갔다. 원래 월세로 나온 건데 대출이 안 돼 그날 아침 전세로 나온 물건이란다. 워낙 전세가 귀해 업무가 끝난 저녁에 보면 이미 늦다. 점심을 중개업자 차에서 빵과 우유로 먹으며 전셋집으로 향했다.

그날 중개업자와 나눈 얘기가 기억난다. 요즘 전세가 정말 없고 있다 해도 부르는 게 값이다는 얘기였다. 이에 나는 물론 그게 사실이지만, 간혹가다 집주인이 전의 가격 그대로 내놓은 시세보다 싼 전세가 있더라, 분명 있더라라는 얘기를 했다. 이런 경우는 집주인이 돈이 없어 들어오는 사람의 전세금을 받아 나갈 사람에게 줘야 하는 경우였다. 또 다가구는 세입자가 많아 은행권에서 대출을 거의 해주지 않는다. 그리고 점심때 본 집이 바로 내가 말한 시세보다 싼 집이었다.

시세보다 반값 가량 싸서 우리가 갔을 땐 이미 한 집이 보고 나오고, 나는 다른 부동산이 데려온 사람과 같이 봐야 할 정도였다. 집주인도 대출받아 월세로 계약하려던 찰나였는데, 은행 대출이 안 된다는 얘길 듣고 부랴부랴 전세로 내놓은 물건이었다. 그 많은 경쟁자 속에서도 나는 집주인에게 허리 굽혀 싹싹하게 인사를 드리는 것을 잊지 않았다. 나의 노하우라면 노하우인데, 전에 자췻집도 내 요구에 따라 1년 전세계약을 해주면서 인사하던 아가씨가 맘에 들어 이렇게 해준다는 말씀을 잊지 않았다.

그간 집을 보러 다니면서 나는 두 가지 원칙을 세웠다.

첫째, 채광과 창문 밖 시야가 확보된 집, 둘째는 집주인의 성품이다. 다가구 주택의 2층에 위치한 이 집은 네모 반듯해 공간 활용도가 높았으며, 옛날 집 답게 각 방은 물론 화장실까지 벽의 반을 차지할 정도로 넓은 창이 있어 한낮에 불을 켜놓지 않아도 될 정도로 채광이 좋았다. 다가구 주택의 경우 어떠한 도시계획 없이 난립하여, 지상층임에도 창문을 열면 바로 옆 건물의 벽돌 벽이 마주하는 등 지하 같은 구조가 많았다. 이에 나는 넓은 창과 창밖 조망권을 최고 가치로 두었다.

그리고 두 번째, 집주인의 성품은 그간 몇 차례 자취하면서 깨달은 점이다. 전세금은 우리의 전 재산이다. 물론 계약에 의거하지만, 그만큼 집주인과의 관계가 중요하다. 또 다가구주택에서 2년간 거주하기에 위아래로 얼굴을 마주 보고 집에 문제가 생겼을 때 등 논의할 일이 많다.

과거 회사 기숙사인 다가구 주택에서 거주한 적이 있었는데, 당시 화장실 변기 받침대가 우리의 노력에도 고정이 안 돼 집주인에게 수리를 요청한 적이 있었다. 이에 집주인은 고쳐주되 임

결혼생활의 핵심, 신혼집

시조치만 해 다시금 고장 난 적이 있었다. 이어 변기에 금이 가 수리를 요청하며 나는 내심 '고친 김에 전에 임시조치한 변기 받침대도 고쳐주겠지.'라고 생각했었다. 하지만 집주인은 금이 간 것만 수리하고 눈에 보이는 변기 받침대는 그대로 둬 기함을 한 적이 있었다. 한마디로, 한번 수리해 줬기에 더 이상 해줄 것은 없다는 식이었다. 이 얘기를 부동산 측에 하니 이런 일은 다반사인지 집주인의 행태를 이미 예상하고 계셨다. 그때는 기숙사여서 잠깐 살다 독립했지만, 그때의 경험을 바탕으로 집주인의 인품을 우선으로 염두에 두게 되었다.

귀한 전세 얻는데
2주간 유랑쯤이야

역시나 문제는 이사 기한이었다. 이미 한 달 뒤로 나가는 계약을 하였는데, 역시나 새집은 한 달 반 뒤에나 입주 가능했다. 약 2주간은 물건은 보관이사에 맡기고 유랑 생활을 하여야 할 판이었다. 하지만 대출 없이 우리가 모은 돈으로 맘에 드는 집을 얻은 기쁨이 더 컸다.

나중을 대비해 자췻집 물건은 처음부터 간소하게 생활했다. 요즘 풀옵션 원룸도 많고, 구매 후 감가상각 되는 물건에는 지출하지 말자는 게 나의 지론이다. 또 내 집 마련 때까지 이사를 자주 다녀야 하는데, 살림이 많으면 그만큼 이사비용도 많이 나오고 가구도 낡아지기 마련이다.

2주간 이삿짐은 다행히 자췻집 보일러실에 맡겨 놓을 수 있었다. 내가 집주인의 요청을 받아들여 한 달 기한으로 나가는 계약을 한 것을 헤아려 주셨나 보다. 그래도 이삿짐 부피를 줄이기 위해 불필요한 물건은 인터넷 중고장터를 이용해 처분했다. 가끔 들여다본 중고장터는 마음만 급하게 먹지 않고 큰 이득을 취하려고 하지 않는다면 꽤 요긴했다. 내게 필요 없는 물건이 누군가에겐 필요할 수 있다.

이사하면 이사비용에 도배, 장판 비용 등 전세금 외에도 최소한의 지출이 발생하기 마련이다. 우리는 이러한 비용을 아끼기 위해 결혼선물로 받은 소형 가전제품도 미개봉 상태로 중고장터에 처분했다. 선물해주신 분께는 죄송했지만, 신혼부부에게 굳이 대용량의 제품도 불필요했으며, 같은 기능의 브랜드 없는 제품은 10분의 1 가격으로 살 수 있었기 때문이다.

남의 말이 정답이 아니다,
결정은 내가!

2주간의 유랑 생활 끝에 드디어 신혼집에 입주했다. 대출 없이 우리가 마련한 전셋집이다. 시세보다 저렴한 대신 손봐야 할 곳이 많았다.

전세지만, 사는 동안은 내 집이라는 말이 있다. 워낙 알뜰한 나이지만, 이사비용 및 도배·장판 등의 지출은 어쩔 수 없었다. 또 싱크대도 수도로 인해 낮게 설계돼 있어 허리가 아프기에 손을 봐야 할 참이었다. 싱크대 교체는 비용이 많이 들어 아쉬운 대로 싱크대 다리만 연장해 키만 높이고, 배기 후드를 교체하는 비용으로 10만 원에 해결했다. 도배·장판도 가장 저렴한 걸로 주문했다. 그런데 문제는 화장실 바닥이었다.

계약 전 두어 차례 방문해서 집을 확인했지만, 워낙 보일러 연식이나 수압 같은 기본적인 사항에만 집중했지, 화장실 바닥은 신경 써서 보지 않았다. 그런데 입주해서 들여다보니 화장실 바닥 타일이 다 깨져서 돌아다니고 있는 것이 아닌가? 화장실이 급해서 맨발로 들어가기라도 하면 사람이 다치기라도 할 판이었다.

싱크대 수리는 알고 들어왔다고 쳐도 화장실 바닥 수리지출은 전혀 생각지도 못한 부분이었다. 또 집주인과 의논해 볼 수 있었지만 워낙 시세보다 저렴하게 들어왔고, 더 솔직히 말하자면 집주인에게 미운털이 박힐까 봐 고민됐다.

우리로서는 전세금 인상 없이 앞으로도 쭉 이 집에 살고 싶은 마음이 컸기 때문에 때문이다. 그러다 평소 내가 자주 방문하는 인터넷 여성 카페에 의견을 물어보자는 생각이 들었다. 워낙 경험이 없어 조언을 구할 곳이 없었기 때문이다. 인터넷 카페의 조언은 이러했다. 어떤 하자건 계약 시 말하지 않으면 소용없다. 또 집주인이 시세보다 싸게 내놓은 이유는 당신이 고쳐 쓰라는 의미이다.

그런가 보다. 여러 사람이 말하는 것을 보면 그게 맞는 건가 보다. 시어머니가 그건 집주인이 해주는 것 아니냐고 넌지시 얘기하셨지만, 나는 시세보다 싸서 어쩔 수 없다는 말로 시어머니의 조언을 묵살했다. 그렇게 자비 수리를 결정한 뒤 수소문 끝에 가격을 최대한 낮춰 화장실 수리를 진행했다. 전에 수리할 때도 반만 수리했는지 화장실 타일 색상이 반씩 달랐다. 남의 집이라도 반만의 수리는 미관상 보기 흉해 돈 좀 더 보태 전체 바닥 수리를 결정했다.

수리는 끝났지만, 솔직히 내가 손해 본 것 같아 내내 마음에 걸렸다. 다수가 인터넷에서 그렇다지만 나는 억울했다. 억울한 마음에 현재 집을 계약한 부동산에 들러 수리 전 깨진 화장실 바닥 타일 사진을 보여주며 괜히 싸게 나온 게 아니었다며 하소연했다. 그러니 부동산 아주머니 왈, 아무리 시세가 저렴해도 계약은 계약 아니냐며 화장실 바닥 수리는 집주인 소관이라고 분명히 하셨다. 즉, 집주인이 시세보다 저렴하게 내놓은 것은 자선을 베풀려는 것이 아니라 본인의 편의 때문이었다. 귀한 전세 시대라지만, 전세는 내 돈이 아니기에 계약이 만료되면 고스란히 빼줘야 하기에 안 올리는 집주인도 많았다.

이견이 있을 수는 있지만, 내 견해로는 남자들은 상황 판단 시 사실에 집중해 결정을 내리는 경우가 많다. 하지만 여성들은 그보다는 전후 상황 관계 등을 고려하는 경우가 많은 것 같다. 나도 그렇고, 내가 조언을 구한 여성 인터넷 카페도 마찬가지일 것이다. 만일 내가 다른 성별의 카페에 조언을 구했더라면 다른 답변이 나왔을 수도 있다.

이 화장실 수리에 대해 집주인의 눈치를 보며 요구도 못 하고, 그렇다고 수리 후 훌훌 털어버리지도 못하며 나는 큰 깨달음을 얻었다. 주위 사람들의 어떤 의견보다 중요한 것은 자신의 결정이라는 것이다. 이 일을 통해 나는 대다수 사람들의 의견이 정말 옳은 건지도 다시금 생각해보았고, 사실 사람들은 정확히 알지 못하면서 말하는 경우도 많다는 것도 깨달았다.

수리 건 이후로 부동산 관련 책을 찾아보았는데, 실제 시세보다 싸게 내놓고 세입자가 수리를 전담하는 경우도 있었다. 다만, 그러한 경우는 계약서에 그러한 조항을 명시해놓은 경우였다. 나의 경우는 계약 시 따로 그러한 논의를 한 경우가 없었기에 집주인에게 충분히 요구할 수 있는 부분이었다.

하지만 어쩌랴! 수리 전도 아니고 이미 수리를 한 뒤였다. 게다가 화장실 자비 수리는 예상치 못한 또 다른 문제를 불러일으키게 된다.

결혼생활의 핵심, 신혼집

민법 제325조 1항

"임차인이 임차물의 보존에 관한 필요비를 지출한 때에는 임대인에 대하여 그 상환을 청구할 수 있다."

즉, 보일러 시설이나 수도관의 누수, 욕실 하자, 기타 임차인으로서 주택을 사용하기 위해서 필요한 부분 등의 하자 발생 시 이를 임차인이 수선비를 지출하고 개선하였다면 필요비가 되고, 그 반환을 임대인 또는 새로운 소유자(일반매매 또는 경매 등으로 취득한 제3자)에게 청구할 수 있고, 그 필요비를 지급할 때까지 주택인도를 거부할 수 있다.*

---

* 김동희, 〈전세대란 500조 원 시대, 전세금 안전하게 지키는 비법〉, 도서출판 채움, 2015, 114쪽.

웨딩 재테크

집수리 전
집주인에게 고지는 필수!

화장실 수리는 집주인 영역이라는 사실을 안 뒤 나는 집주인에게 수리할 것이 있으면 즉시 얘기하는 습관을 들였다. 고쳐주건, 안 고쳐주건 수리 고민은 집주인 영역인 것이다. 그러면 집주인은 아는 인부와 함께 집에 방문했다. 인부에게는 집주인이 소정의 수리비를 지급했다.

입주 3개월가량이 지났을 때 거실 바닥을 걸레질하다 장판 사이가 지저분해 장판을 걷어보니 바닥에 물기가 있는 것을 발견했다. 일부가 아니라 바닥 전체에 걸쳐 장판에 물기가 맺혀 있었다. 도배·장판 시공 시 둘 다 직장일로 바빠 들여다보지 못했는데, 시공 후 업자가 거실 바닥에 물기가 있다며 대수롭지 않게 말한 기억이 그제야 떠올랐다. 업자 말로는, 거실의 싱크대에서 새는 것 같다고 해 일부러 전문가에게 씽크대 키를 높인 것이었다. 그 뒤로 따로 신경을 안 썼는데 이렇게 바닥에 물기가 흥건한 것이다.

이윽고 집주인이 인부와 함께 집에 방문했다. 그러면서 인부에게 하는 말이 전에 살던 사람들 있을 때는 이렇지 않았다고 했다. 이에 나는 도배·장판 업자가 시공 시 물기가 있다는 말을 분명히 했다고 대응했다. 이에 집주인은 인부에게 우리가 싱크대와 화장실 바닥을 고쳤다며 그것 때문에 그런 것이 아니냐고 말했다. 한마디로, 우리가 돈 들여 고치고도 다 뒤집어 쓸 판이었다. 우리가 수리 시 집주인이 올라와 봐 우리가 고치는 것을 알고 있었지만, 만일 미리 고지도 안 하고 수리한 죄를 물어 원상복귀를 요구하면 난감한 참이었다.

결국은 장판 물기가 아래층으로 누수되지도 않고 따로 원인도 찾을 수 없고, 생활하는 데 큰 불편함이 없어 그냥 덮어두는 것

웨딩 재테크

으로 마무리되었다. 그렇지만 나는 집주인의 대응을 보며 나의 선의가 꼭 호의로 돌아오지 않을 수 있다는 것과 함께 결과 여부를 떠나 미리 알리는 원칙의 중요성을 다시금 깨달았다.

혼인신고 및 혼인세액공제

혼인의 사실을 시·구·읍·면의 장에게 신고하는 절차이다. 특히, 기획재정부는 2017년 혼인세액공제를 신설해 2019년 말까지 적용하기로 했다. 총급여 7천만 원 이하 근로자나 종합소득금액 5천500만 원 이하 종합소득자가 결혼하면 1인당 50만 원, 맞벌이 부부는 100만 원을 종합소득 산출세액에서 공제받을 수 있다.

혼인신고 시 민원 24에서 미리 서류를 출력해 부모님 주민등록 번호 및 증인 도장을 미리 날인해가면 편리하다.

나는 언제나 당신 편

저자 후기

간소한 결혼식을 주제로 책을 쓰다 보니 자연스럽게 나의 결혼식을 되돌아보게 되었다.

그리고 결혼 전에 해야 했던 고민을 뒤로 미뤄두었다가 결혼 후에야 집필을 계기로 뒤늦게 고민하게 되었다.

'나는 왜 결혼했는가? 혹시 나이가 차서 결혼을 해야 하니까 한 건 아닌가?'라는 생각 등이다.

그리고 나는 결혼생활에 대해 새롭게 정의 내리게 됐다.

내가 생각하는 결혼은 서로의 영혼과 영혼의 교류이다. 결혼생활은 내 어린 상처를 치유해주었고, '나는 언제나 당신 편'이라고 상호 지지해주었다. 그 앞에서 나는 한 점 부끄럽지 않을 수 있었고, 떼쟁이 어린아이였다가 때론 엄마가 되기도 했다.

지루하다고 생각했던 결혼생활은 소박하게 상대와 함께하는 일상이었고, 익숙하기에 그 소중함을 몰랐던 것뿐이다.

청년들에게 결혼은 사치이고 포기의 대상이 된 지 오래이지만, 그럼에도 나는 당신에게 연애와 결혼을 권하고 싶다.

'사랑'이라는 감정은 고단한 현실 앞에 먼 우주 별나라의 풀 뜯어 먹는 소리같이 느껴지기도 하지만, 그럼에도 불구하고 사랑을 기반으로 한 결혼생활은 한 번쯤 해볼 만한 인생이다.

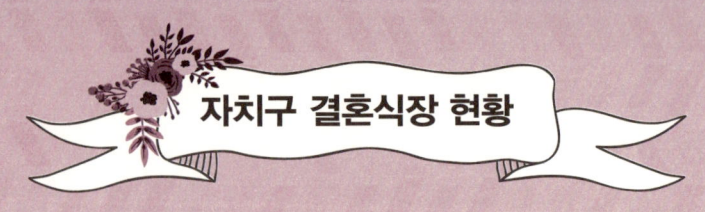

자치구 결혼식장 현황

연번	기관명	소재지	시설현황				부대시설	대관료 (원)	전화번호
			예식가능공간		피로연공간				
			시설명	좌석수 (개)	시설명	좌석수 (개)			
1	성북구청	성북구	성북 아트홀	200	없음	없음	신부 대기실	무료	2241-2582
2	서대문구청	서대문구	본관 강당 (6층)	400	구내 식당 (지하)	400	엘리베이터, 접견실, 회의실	40,000	330-1060
3	중구 구민회관	중구	소강당	200	구내 식당	400	신부 대기실 (회의실)	66,000	2280-8388
4	중랑구 구민회관	중랑구	웨딩홀	최대 250	피로 연장	최대 250	신부 대기실, 폐백실	50,000	432-4646
5	양천구 문화회관	양천구	예식홀	300	피로 연장	300	폐백실, 신부 대기실	70,000	2646-5115
6	도봉구 구민회관	도봉구	예식장	150	구내 식당	200	폐백실	55,000	901-5160
7	강북문화 예술회관	강북구	예식장	200	주변 식당	없음	폐백실, 신부 대기실	110,000	944-3068

연번	기관명	소재지	시설현황				부대시설	대관료 (원)	전화번호
			예식가능공간		피로연공간				
			시설명	좌석수 (개)	시설명	좌석수 (개)			
8	역촌 노인복지관	은평구	강당	150	식당	64	비품없음	유료 (협의)	385-9500
9	관악 문화예절원	관악구	야외 소극장	200	식당	200	신부 대기실, 회의실	900,000	885-6145
10	갈월 종합 사회복지관	용산구	강당	150	식당	100	신부 대기실	80,000 /시간당	752-7887
11	송파 여성문화회관	송파구	소극장 (지하 1층)	160	주변 식당	없음	신부 대기실	120,000 (2시간)	2203-3330
12	용두공원	동대문구	야외 무대	70	주변 식당	없음	비품없음	무료	2127-4775
13	장안공원	동대문구	야외 무대	50	주변 식당	없음	비품없음	무료	2127-4775
14	당산공원	영등포구	야외 무대	100	야외 뷔페	100	비품없음	무료	2670-4978

연번	기관명	소재지	시설현황					대관료 (원)	전화번호
			예식가능공간		피로연공간		부대시설		
			시설명	좌석수 (개)	시설명	좌석수 (개)			
15	문화복지재단	동작구	소강의실	100	주변 식당	없음	비품없음	100,000 /3시간	820-1613
16	등촌1 종합 사회복지관	강서구	강당	60	주변 식당	없음	비품없음	무료	2658-1010
17	노원 문화원	노원구	다목적공 연장	60	주변 식당	없음	신부 대기실	100,000 /3시간	938-1244
18	광흥당	마포구	마당 (전통혼례)	50	사랑방	50	폐백실, 신부 대기실	300,000	312-1100
19	고척근린공원	구로구	광장	1,000	주변 식당	없음	비품없음	무료	860-3086
20	쌈지공원	서초구	광장	100	주변 식당	없음	비품없음	무료	2155-6717
21	성동구청	성동구	강당	400	주변 식당	없음	비품없음	120,000 /1시간	2286-5434

CHECK
LIST

연번	기관명	소재지	시설현황				부대시설	대관료 (원)	전화번호
			예식가능공간		피로연공간				
			시설명	좌석수 (개)	시설명	좌석수 (개)			
22	옥수 종합 사회복지관	성동구	강당	120	구내 식당	50	음향, 의자, 책상, 냉난방, 프로젝트 사용가능	250,000 (부대비용 별도)	2282-1100
23	강동구민회관	강동구	다누리 미술관	100	다목 적실	없음	신부 대기실	198,000	2045-7600
24	일자산 자연공원	강동구	잔디 광장	1,000	주변 식당	없음	비품없음	100,000	3425-6443
25	금천구청	금천구	대강당	200	주변 식당	200	비품없음	334,000 /2시간	2627-1417
26	청춘뜨락	광진구	광장	100	주변 식당	없음	비품없음	무료	450-7554

(출처- 시민청)

웨딩 재테크

펴 낸 날   2017년 4월 5일

지 은 이   김보영
펴 낸 이   최지숙
편집주간   이기성
편집팀장   이윤숙
기획편집   허나리, 윤일란
표지디자인   신지원
책임마케팅   하철민, 장일규
펴 낸 곳   도서출판 생각나눔
출판등록   제 2008-000008호
주   소   서울 마포구 동교로 18길 41, 한경빌딩 2층
전   화   02-325-5100
팩   스   02-325-5101
홈페이지   www.생각나눔.kr
이 메 일   bookmain@think-book.com

• 책값은 표지 뒷면에 표기되어 있습니다.
  ISBN 978-89-6489-698-3   13320

• 이 도서의 국립중앙도서관 출판 시 도서목록(CIP)은 서지정보유통지원시스템 홈페이지
  (http://seoji.nl.go.kr)와 국가자료공동목록시스템(http://www.nl.go.kr/kolisnet)에서
  이용하실 수 있습니다(CIP제어번호: CIP2017006723).